DOV GILVANCI LEVI

PRINCÍPIOS JUDAICOS PARA A PROSPERIDADE FINANCEIRA

DOV GILVANCI LEVI

PREFÁCIO DE JANGUIÊ DINIZ

PRINCÍPIOS JUDAICOS PARA A PROSPERIDADE FINANCEIRA

18 passos para qualquer pessoa superar a escassez, criar uma reserva sólida e alcançar a liberdade financeira

Diretora
Rosely Boschini

Gerente Editorial Sênior
Rosângela de Araujo Pinheiro Barbosa

Editoras
Audrya Oliveira
Carolina Forin

Assistente Editorial
Mariá Moritz Tomazoni

Produção Gráfica
Leandro Kulaif

Edição de Texto
Wélida Muniz

Preparação
Débora Wink

Capa
Plinio Ricca

Projeto Gráfico
Marcia Matos

Adaptação e Diagramação
Plinio Ricca

Revisão
João Rodrigues
Júlia Rodrigues

Imagem de capa
Freepik

Impressão
Bartira

CARO(A) LEITOR(A),
Queremos saber sua opinião
sobre nossos livros.
Após a leitura, siga-nos no
linkedin.com/company/editora-gente,
no TikTok **@editoragente**
e no Instagram **@editoragente**,
e visite-nos no site
www.editoragente.com.br.
Cadastre-se e contribua com
sugestões, críticas ou elogios.

Copyright © 2024 by Dov Gilvanci Levi
Todos os direitos desta edição
são reservados à Editora Gente.
R. Dep. Lacerda Franco, 300 – Pinheiros
São Paulo, SP – CEP 05418-000
Telefone: (11) 3670-2500
Site: www.editoragente.com.br
E-mail: gente@editoragente.com.br

Dados Internacionais de Catalogação na Publicação (CIP)
Angélica Ilacqua CRB-8/7057

Levi, Dov Gilvanci
    Princípios judaicos para a prosperidade financeira / Dov Gilvanci Levi. - São Paulo :
Autoridade, 2024.
    192 p.

ISBN 978-65-6107-019-5

1. Finanças pessoais 2. Desenvolvimento pessoal I. Título

24-3442	CDD 332.024

Índices para catálogo sistemático:
1. Finanças pessoais

NOTA DA PUBLISHER

A busca por segurança financeira é um desejo universal. No entanto, a complexidade do mundo dos investimentos e a falta de educação financeira deixam muitos se sentindo perdidos e inseguros. Sabemos que existe uma parcela significativa da população que luta para construir um patrimônio sólido e garantir o futuro, e este livro surge como uma bússola nesse mar de incertezas, oferecendo um caminho claro e eficaz para alcançar a prosperidade financeira.

Dov Gilvanci, profissional com mais de trinta anos de experiência no mercado de capitais, assume a missão de desmistificar o mundo dos investimentos. Referência na área em que atua, o autor tem um conhecimento profundo dos princípios judaicos e uma carreira marcada por sucessos na gestão financeira. Com base em sua trajetória e nas histórias de diversos judeus bem-sucedidos, ele oferece insights valiosos para que qualquer pessoa, independentemente de sua origem ou crença, possa construir uma vida financeira tranquila e significativa.

Ao longo das páginas deste livro, você será conduzido por uma jornada transformadora, descobrindo como os princípios judaicos milenares podem ser aplicados à gestão do patrimônio, e aprenderá a construir uma reserva de capital que não só trará prosperidade financeira a longo prazo, mas permitirá que você deixe um legado positivo para futuras gerações.

Princípios judaicos para a prosperidade financeira é mais do que um simples manual de investimentos. É um convite para uma jornada de autoconhecimento e crescimento pessoal. Se você busca alcançar a liberdade financeira, construir um futuro seguro para sua família e viver uma vida com propósito, este livro é essencial. Descubra como a sabedoria ancestral dos judeus pode transformar sua vida e a vida de gerações futuras.

Boa leitura!

ROSELY BOSCHINI
CEO e Publisher da Editora Gente

Dedico este livro à minha savta (vovó), de abençoada memória, Domingas Oliveira Portillo (Sara Najman Nasser Z"L, judia catalã de Girona); aos meus pais, Samuel Antonio e Sarah Maria; à minha esposa, Keila Tamara; e aos meus filhos, Ehud, Nathan, David e Hanna, minha grande motivação e razão!

Dedico também a um dos nossos, Yaakov Lopes, filho de Esther e Avraham Lopes, nascido em 25 de janeiro de 1928 em Jerusalém, tendo perecido na Guerra da Independência de Israel, em 10 de junho de 1948, quando os egípcios lançaram forte bombardeio no posto avançado e lá se infiltraram com a ajuda de blindados. Por um ano inteiro, Yaakov foi considerado desaparecido, até que ficou claro que ele havia caído na batalha na colina 69 com apenas 20 anos. Em 18 de agosto de 1950, ele foi sepultado no cemitério militar de Nahalat Yitzhak, na cidade de Givatayim, distrito de Tel Aviv, Israel.

Ben Zoma diz: Quem é sábio? Aquele que aprende de cada pessoa, como foi dito: "De todos os meus mestres obtive sabedoria" (Salmos 119:99).

Quem é forte? Aquele que subjuga suas [más] inclinações pessoais, como foi dito: "Aquele que é lento na ira vale mais que o homem forte, e aquele que domina suas paixões é melhor que o conquistador de uma cidade" (Provérbios 16:32).

Quem é rico? Aquele que é feliz com seu quinhão, como foi dito: "Quando você come do fruto de seu trabalho, é louvável e tudo estará bem com você" (Salmos 128:2). "É louvável – neste mundo; e tudo estará bem com você – no Mundo Vindouro." Quem é honrado? Aquele que honra o próximo, como foi dito: "Pois aqueles que me honram, eu honrarei, e aqueles que me escarnecem, serão degradados" (I Samuel 2:30). [1]

---

[1] TALMUDE BAVLI. Pirkei Avot 4:1.

Os princípios judaicos aplicados na gestão patrimonial destacam valores éticos e morais fundamentais, como a justiça e a responsabilidade. Esses princípios, enraizados na Bíblia Judaica, têm influência direta nas decisões relacionadas aos negócios e investimentos. A presente obra ilustra bem a aplicação prática desses princípios, demonstrando como criar um portfólio de investimentos com retornos substanciais no longo prazo. Além disso, há um forte incentivo à prática da caridade e à doação para causas sociais, promovendo o compartilhamento dos recursos e a construção de uma comunidade mais justa. Essa abordagem visa conciliar o lucro com o impacto positivo na sociedade.

Ary Raghiant Neto, desembargador do Tribunal de Justiça do Estado de Mato Grosso do Sul.

Os princípios judaicos desempenham um papel fundamental na gestão patrimonial, pois oferecem diretrizes éticas e morais que promovem uma abordagem responsável e sustentável em relação ao patrimônio. Esses princípios incentivam a generosidade, o cuidado com os menos afortunados e a justiça financeira. É interessante notar como Dov demonstra o quanto os judeus valorizam a preservação e a transmissão de riquezas às gerações futuras, promovendo um planejamento sucessório cuidadoso. Ao incorporar esses princípios, a gestão patrimonial se torna mais equilibrada, ética e orientada a um propósito maior. Leitura recomendada para investidores e gestores de patrimônio.

Urbano Vitalino Neto, advogado.

Leitura fascinante sobre como um povo tão pequeno, quando comparado aos demais, forjou relevantes realizadores de riqueza e gestores de fortunas. O livro compartilha princípios universais sobre a administração de recursos financeiros, quando influenciada por valores religiosos, históricos e culturais. Responsabilidade, ética e justiça são fundamentais nessa abordagem, e a educação financeira é valorizada, incentivando o planejamento, o investimento, a disciplina e o controle dos gastos. A prática da caridade também desempenha um papel importante, com a destinação de uma porcentagem do patrimônio para causas sociais. É admirável como a comunidade judaica costuma se apoiar mutuamente em momentos de necessidade, fortalecendo laços comunitários e compartilhando recursos financeiros. A diversidade econômica dentro dessa comunidade é ampla, abrangendo uma gama de atividades empresariais, profissionais e de investimentos, refutando qualquer estereótipo simplista sobre a administração e a gestão do dinheiro pelos judeus.

Eduardo Azuma Nishi, desembargador do
Tribunal de Justiça do Estado de São Paulo.

Os judeus têm uma relação histórica complexa com o dinheiro, que remonta a séculos. Devido a várias restrições sociais e profissionais impostas a eles ao longo da história, muitos se envolveram no comércio e nas atividades financeiras, tornando-se hábeis empresários e financistas. O livro demonstra como os judeus aplicam a sabedoria derivada dos princípios extraídos da Bíblia Judaica na condução dos negócios e especialmente na gestão de investimentos, na qual têm posição de destaque entre os grandes gestores de fortuna. É fundamental reconhecer a individualidade e as contribuições dos judeus em todas as esferas da sociedade, sobretudo na economia, nas finanças, na medicina e nas ciências em geral.

Sérgio Marcolino Longen, CEO da Semalo Alimentos
e presidente da Federação das Indústrias de Mato Grosso do Sul.

SUMÁRIO

Prefácio_____15

Preâmbulo_____17

Introdução_____23

Capítulo 1: Princípios de gestão patrimonial___36

Capítulo 2: Diversificação dos investimentos
e portfólio do Talmude_____54

Capítulo 3: Faça o planejamento financeiro___72

Capítulo 4: Os fatores de análise que
impactam seus investimentos:
risco, liquidez e rentabilidade_____88

Capítulo 5: A economia é cíclica_____104

Capítulo 6: O futuro pertence a D'us_____130

Capítulo 7: Casos no Talmude
sobre finanças_____146

Capítulo 8: Atitudes, crenças e
valores da vida judaica_____156

Capítulo 9: Conheça um pouco mais os
livros sagrados do judaísmo_____174

E chegamos às últimas páginas..._____182

Conteúdo complementar_____186

PREFÁCIO

Há princípios que são imutáveis. Costumo chamá-los de princípios e preceitos transcendentais para uma vida humana digna. Como o nome sugere, eles transcendem conceitos, mesmo os religiosos: valem para cristãos, judeus, muçulmanos, hindus, enfim, qualquer crença; ou mesmo para quem não tem uma. É muito bom ver o amigo Dov abordar esses princípios, nos quais acredito e os quais procuro seguir, sob a perspectiva judaica – uma sabedoria tradicional milenar que tem tanto a ensinar. Mostra que estamos no caminho certo.

Neste primeiro volume, Dov se debruça sobre um importante pilar para a criação de riqueza e prosperidade: a gestão patrimonial. O autor apresenta, então, dezoito princípios para uma boa gestão patrimonial alinhados a preceitos judaicos. Muito bem fundamentado, mostra como o povo judeu, ao longo do tempo, se firmou como bem-sucedido nos negócios, valorizando sempre sua fé.

É muito interessante como, antes de proceder à parte "prática" do livro, Dov conta um pouco de sua história e da relação que tem com a fé judaica. Um quase acidente fatal o fez rever suas prioridades e dedicar-se mais às práticas de sua religião, o que lhe trouxe grandes benefícios. Defendo sempre que a espiritualidade é componente essencial do nosso ser.

Mesmo sendo cristão, não faço proselitismo, nem tenho a pretensão de afirmar que minha crença é mais correta ou melhor do que qualquer outra. Pelo contrário, defendo a necessidade de conectar-se ao Divino, seja lá como ele se manifeste para cada um. Para o Dov e milhões de pessoas no mundo, essa conexão se dá por meio do judaísmo, que traz tão poderosas e belas mensagens, além de preciosos ensinamentos.

Reconhecer que há uma força divina acima de nós é contar com Sua inspiração e acreditar que tudo é possível para aqueles que seguem os princípios corretos. Em *Princípios judaicos para a prosperidade financeira*, você, leitor, vai encontrar os princípios judaicos que ajudam a construir riqueza material, mas eles não são exclusivos para quem segue a religião; servem para qualquer pessoa. Essa é a beleza da religião exercida da maneira correta: ela é inclusiva, abrangente e voltada para o bem.

O autor constrói, por meio de ensinamentos da prática judaica e de textos da Torá e do Talmude, um arcabouço de orientações, indicando um caminho exitoso para quem deseja se desenvolver pessoal e profissionalmente seguindo preceitos tão importantes.

Uma ótima leitura para judeus e não judeus, considerando ser baseada em uma sabedoria milenar. Vale ressaltar que este é apenas o primeiro volume, tratando de gestão patrimonial. Outros virão com ainda mais conteúdo rico e inspirador. Minha dica: faça uma leitura reflexiva e busque aplicar os ensinamentos aqui contidos em sua vida, e verá como seu futuro será melhor.

Janguiê Diniz
*Fundador e presidente do Conselho de Administração
do grupo Ser Educacional e presidente do
Instituto Êxito de Empreendedorismo*

PREÂMBULO

Eram 13 horas do dia 27 de setembro de 2006, uma quarta-feira na quentíssima cidade de Manaus, quando recebi uma ligação de meu pai. Perguntou onde eu estava, quando voltaria para Goiânia, e respondi que estava em Manaus trabalhando com um cliente e chegaria em Goiânia no dia 29, por volta das 19h. Meu pai ficou incomodado, especialmente porque eu violaria o Shabat mais uma vez, e argumentei que eu precisava trabalhar, que não tinha alternativas etc.

Quando ele viu que não adiantava debater, ficou muito sereno e me disse que estava com um pressentimento muito ruim, por isso pediu a mim que retornasse no dia seguinte. Ainda aleguei que estava tudo bem, que não aconteceria nada. Menos de um minuto depois de desligar o telefone, meu irmão, Yossef Levi, que à época morava em Bnei Barak, Israel, me ligou e praticamente repetiu a fala de meu pai. Fiquei surpreso e perguntei a ele se havia falado antes com o papai, e ele disse que não e perguntou o porquê. Compartilhei que o papai tinha ligado antes e falado a mesma coisa.

Incomodado, liguei para Linda Pereira, que era minha secretária (e atualmente é minha sócia), e informei o ocorrido, pedindo a ela para alterar meu retorno para o dia seguinte, de madrugada. Fiquei pensativo e me lembrei das diversas turbulências que eu já havia enfrentado em voos, principalmente internacionais, e sempre que isso se repetia eu ficava me questionando se valia a pena todo esse esforço. Sentia que trabalhava demais, em especial aos sábados, e o resultado era sempre muito aquém do que eu esperava.

Retornei a Goiânia na quinta-feira. Fiquei dois dias trabalhando com um cliente mais afastado da cidade e não fui ao escritório. Na sexta-feira, 29 de setembro daquele ano, trabalhei até tarde com um cliente em Anápolis e cheguei em casa por volta das 19h15, e a bateria de meu celular tinha acabado. Ao recarregá-la, percebi que havia 82 chamadas não atendidas, sendo quatorze de um sócio que ficava em Campo Grande. Justamente quando eu estava com o celular na mão ele ligou, e de imediato atendi.

Quando eu disse "Alô", ele respondeu com a voz embargada: "Meu D'us, você está vivo!". Ainda fui sarcástico, respondendo que estava "vivo e bonito". Eu não fazia ideia do que havia acontecido. Ele perguntou se meu retorno de Manaus tinha sido naquele dia (29 de setembro de 2006) e se meu voo de retorno era o 1907 da Gol. Respondi que sim, era realmente meu voo, mas meu pai havia me ligado, e depois também meu irmão, e terminei voltando um dia antes. Ele, ainda sem acreditar, me informou que "O avião do voo 1907 caiu e matou todos a bordo!". Fiquei alguns segundos em estado de choque.

Naquele momento, passou um filme em minha cabeça. Eu me lembrei de minha vovó fazendo as rezas no serviço de Shabat, especialmente em ladino (português medieval com mesclas de espanhol antigo). Me lembrei também das falas de meu pai e meu irmão Yossef, especialmente porque Yossef sempre insistia que eu observasse o judaísmo, um dia de cada vez (*leat leat*, como falamos em hebraico), e eu sempre respondia, na minha ignorância, que não dava para conciliar a observância dos mandamentos com os negócios. E me lembrei também de um dos Salmos preferidos de minha mãe, em que o rei David declara: "porque aos seus anjos dará ordens a teu respeito, para que te guardem em todos os teus caminhos" (Salmos 91:11).

Eu entendi, naquele momento, que o Todo-Poderoso havia me dado uma segunda chance de ser um judeuzinho melhor! Então mudei completamente de vida. Descobri que a Torá tinha tudo de que eu precisava e, quando comecei a estudar a estratégia de investimentos contida no Talmude, finalmente entendi que, se eu observasse os mandamentos, o êxito seria consequência.

Costumo falar que fui "salvo por um Shabat", e me tornei um Shomer Shabat (aquele que guarda o sábado), reconhecendo a misericórdia e a grandeza de D'us comigo. Mudei de vida ao me esforçar para observar os mandamentos tal como determinado pelo Eterno na Torá.

Os negócios cresceram muito e aprendi que de fato o dinheiro é mero meio, não o fim. De um garoto pobre nascido em Nazaré, no Tocantins, e que viveu em uma casa de pau a pique até os quinze anos, passei a ser um cidadão do mundo, que divide o tempo entre Estados Unidos, Suíça e Ásia, que é responsável pela gestão da fortuna de algumas famílias ao redor de todo o mundo e que usa os princípios judaicos com vistas a atingir um propósito de vida muito maior: abençoar as pessoas buscando participar do esforço de *tikun olam* (melhorar o mundo). Como ensinou o rei David no Salmo 128:

> *Bem-aventurado aquele que teme ao Eterno e anda nos seus caminhos!*

Do trabalho de tuas mãos comerás, feliz serás, e tudo te irá bem. Tua esposa, no interior de tua casa, será como a videira frutífera; teus filhos, como rebentos da oliveira, à roda da tua mesa.

Eis como será abençoado o homem que teme ao Eterno! O Eterno te abençoe desde Sião, para que vejas a prosperidade de Jerusalém durante os dias de tua vida, vejas os filhos de teus filhos e paz sobre Israel!

A missão que assumo ao compartilhar meus conhecimentos do mercado financeiro e minha experiência profissional é tornar o mundo dos investimentos acessível para que todos possam viver confortavelmente, construindo uma reserva que lhes permita ter tranquilidade financeira para o longo prazo!

DESCOBRI QUE A TORÁ TINHA TUDO DE QUE EU PRECISAVA E ENTENDI QUE, SE EU OBSERVASSE OS MANDAMENTOS, O ÊXITO SERIA CONSEQUÊNCIA.

@DOVGILVANCI

INTRODUÇÃO

Este livro é especialmente para pessoas que buscam construir uma reserva de capital que possa proporcionar tranquilidade financeira no longo prazo, usando os princípios judaicos milenares. Esses princípios trazem diretrizes éticas e morais que promovem uma abordagem responsável e sustentável em relação ao patrimônio, incentivando a generosidade, o cuidado com os menos afortunados e a justiça financeira.

E para alcançar esses objetivos há um desafio gigantesco: o Brasil tem aproximadamente setenta milhões de cidadãos considerados pobres, e são necessárias nove gerações para a ascensão de classe social. O investimento no mercado de capitais visando construir uma reserva financeira no longo prazo é um dos caminhos para se quebrar o ciclo da pobreza, sobretudo porque no Brasil apenas 2,4% da população investe na compra de ações, enquanto nos Estados Unidos isso é feito por 58% da população, conforme estudo do Instituto Gallup.[2] Ademais, muitas pessoas que já investem, especialmente na bolsa de valores, não sabem como fazê-lo e perdem dinheiro.

---

[2] PRIKLADNICKI, F. Em livro, professores da FGV ensinam a investir na bolsa sem cair em armadilhas. **GZH Economia**, 7 nov. 2023. Disponível em: https://gauchazh.clicrbs.com.br/economia/noticia/2023/11/em-livro-professores-da-fgv--ensinam-a-investir-na-bolsa-sem-cair-em-armadilhas-cloojun23001s013ev384lsiw.html. Acesso em: 6 jun. 2024.

Neste volume são apresentados os princípios judaicos que demonstram como você poderá construir riqueza e abundância, especialmente pensando no longo prazo, quando poderá deixar uma bênção geracional para sua família, quebrando o ciclo da pobreza ou preservando a riqueza recebida de seus antepassados.

É importante destacar que, embora atualmente os judeus representem menos de 1% da população mundial, diversos bilionários globais são de origem judaica, tais como Sergey Brin e Larry Page (Google), Larry Ellison (Oracle Corporation), Michael Bloomberg, Mark Zuckerberg (Facebook/Meta), Stephen Schwarzman (Blackstone), Len Blavatnik (Access Industries), Alain Wertheimer e Gerard Wertheimer (Chanel), Miriam Adelson (Las Vegas Sands), Leonard Lauder (Estée Lauder), Leonid Mikhelson (Novatek), Steve Cohen (SAC Capital Partners) e Carl Icahn (Icahn Enterprises).

Muitos judeus também figuram como fundadores de grandes companhias que são modelo de empreendedorismo. Alguns exemplos são eBay, Oracle Corporation, Microsoft, Dell, Goldman Sachs, New York Times, Diane von Fürstenburg, Calvin Klein, Polo Ralph Lauren, Levi Strauss & Co., Sears, Starbucks Coffee Company, Columbia Pictures, 20th Century Studios, Disney, Paramount Pictures, Warner Bros. Studios, Viacom, Miramax, DreamWorks, CBS, Universal Pictures, Fox Film Corporation e HBO.

Os judeus também são conhecidos por serem empresários, comerciantes e homens de negócios que vencem as adversidades. Dos 25 melhores gestores de patrimônio desde o advento do capitalismo americano, dezessete são de origem judaica.[3] É algo que deixa muita

---

[3] CHARLES, H. W. **The Investment Code:** Ancient Jewish Wisdom for The Wise Investor. 2016. *E-book.*

gente perplexa, porque a probabilidade de isso ocorrer é quase zero e, portanto, muito difícil de calcular. Alguns dos 25 primeiros são obviamente muito famosos: George Soros, Steven Cohen, James Simons, David Tepper, John Paulson, Carl Icahn, Daniel Loeb, Leon Cooperman, Seth Klarman, Israel Englander, David Einhorn e Bruce Kovner.

A única nação de maioria judaica no planeta, Israel, é muito pequena e tem uma população igualmente pequena, mas os judeus são conhecidos como excelentes gestores patrimoniais. Números do Escritório Central de Estatísticas de Israel (ICBS) indicam que a nação judaica do país tinha, em dezembro de 2022, uma população de apenas 9,6 milhões de habitantes, sendo 7,1 milhões de judeus. Além disso, o número total de pessoas de origem judaica que vivem fora de Israel é em torno de 7,8 milhões. Isso coloca o número total de judeus em todo o planeta em cerca de 15,2 milhões de uma população global de 8,1 bilhões, uma porcentagem de apenas 0,22%![4] Pelos números, parece que apenas uma em cada 459 pessoas em todo o mundo é judia, mas os judeus lideram o mundo quando se trata de negócios e empreendedorismo.

Vamos conhecer mais sobre alguns dos principais gestores de fundos de *hedge* judeus já citados:

- George Soros, presidente e fundador da Soros Fund Management e fundador do Quantum Fund, relatou ter retornado mais de 20% anualizado nas últimas quatro décadas. Isso significa que, se 10 milhões de dólares fossem investidos em seu fundo de *hedge*

---

[4] A POPULAÇÃO de Israel em 5783. **Fundo Comunitário**, c2021. Disponível em: https://www.fcrj.org.br/a-populacao-de-israel-em-5783/. Acesso em: 7 jun. 2024.

quarenta anos atrás e compostos a uma taxa anual de 20%, eles valeriam incríveis 14 bilhões de dólares hoje.

- James Simons é o primeiro com mais de 35% de retornos anualizados em vinte e sete anos.
- David Tepper é um gestor que tem fundo de *hedge* iniciado com retornos anualizados de 27% por vinte e dois anos de gerenciamento ativo.
- Steven Cohen alcançou mais de 30% de retornos anualizados por mais de vinte anos.
- John Paulson ganhou 12% de retorno por dezenove anos.
- Carl Icahn retornou 21% anualizado por quinze anos.

Em conclusão, com dezessete dos 25 melhores gestores de fundos de *hedge* sendo judeus, há muito a se aprender com eles sobre como fazem a gestão patrimonial, e esse é o principal objetivo deste livro. Para isso, é preciso entender os alicerces usados pelos judeus para fazer diferença na história da humanidade.

A sabedoria do povo judeu é composta de um compêndio abrangente chamado Tanach (equivalente ao Antigo Testamento), Talmude e Midrash (conhecidos como Lei Oral), além da filosofia judaica, da legislação (Halakha), da Cabalá, do Chassidut e do Mussar (ética). Nesse tratado multifacetado, há palavras de sabedoria, opiniões, conceitos, história, profecias, visões messiânicas, encorajamento, canções, admoestações, alegorias etc.

Mesmo com sua população diminuta, o povo judeu fez e vem fazendo substanciais contribuições para a humanidade, recebendo o respeito, a admiração e a amizade de grandes líderes globais, tais como o rei Charles III, que tem algo em comum com milhares de judeus britânicos: ele foi circuncidado pelo rabino Jacob Snowman (1871-1959), um médico brilhante e um dos principais *mohelim* (circuncisores rituais judeus) de Londres. Em 2019, durante uma festa real de Hanucá no Palácio de Buckingham, o rei Charles elogiou a comunidade judaica britânica e agradeceu formalmente pelas suas orações:

> *Digo isso a partir de uma perspectiva particular e pessoal, porque cresci sendo profundamente tocado pelo fato de que as sinagogas britânicas têm se lembrado de minha família em suas orações semanais há séculos. E, assim como vocês se lembram da minha família, nós também lembramos e celebramos vocês.*[5]

Ao longo dos séculos, muito se discutiu sobre a prosperidade e a resiliência desse povo, e isso me lembra de uma entrevista de junho de 2015, de Gidi Grinstein, fundador da Tikkun Olam Makers, uma organização global sem fins lucrativos que ajuda deficientes, idosos e pobres. Nessa entrevista, ele aponta a excelência do povo judeu, usando a palavra *flexigidity* (algo como "flexigidez", combinação de flexibilidade e rigidez) para expressar como tem se dado a sobrevivência desse povo, bem como sua resistência, sua prosperidade e sua liderança por múltiplas gerações, pela combinação do antigo e do novo, da tradição e da inovação, da flexibilidade e, ao mesmo tempo, da rigidez.

Essa flexibilidade não é uma ferramenta, mas uma descrição de como esse povo tem evoluído e se adaptado aos inúmeros desafios de viver o judaísmo e simultaneamente estar inserido em uma sociedade multirreligiosa, enfrentando avanços científicos e tecnológicos. A principal

---

[5] WRIGHT, A. Shabbat Emor. **The Liberal Jewish Synagogue**, 5 maio 2023. Disponível em: www.ljs.org/tftw-archive-2023-may.html. Acesso em: 6 jun. 2024.

característica dessa flexibilidade/rigidez é uma combinação do que é negociável e do que é intocável.

Desses mandamentos, foram extraídos os princípios que afetam a vida das pessoas, seja nos negócios, na família, na vida civil e na gestão patrimonial. Um dos grandes expoentes desses princípios foi o rei Salomão, que compartilhou esses ensinamentos por meio dos livros de Mishlei (Provérbios) e Kohelet (Eclesiastes).

Ele escreveu ainda o Shir Hashirim (Cântico de Salomão, conhecido como Cantares na versão portuguesa), os Salmos 72 e 126 e muitos provérbios adicionais, conforme Reis I 4:32, que informa: "Ele compôs cerca de 3 mil provérbios e escreveu 1.005 músicas". Desses provérbios, cerca de oitocentos estão expressos no livro de Provérbios. Provavelmente ele o escreveu em seus anos intermediários, e Eclesiastes foi elaborado em seus últimos anos de vida.

Conhecido por sua sabedoria, sua riqueza e seus escritos, o rei Salomão se tornou governante em aproximadamente 967 a.C.. O reino dele estendia-se do rio Eufrates, ao norte, até o Egito, ao sul, e sua maior realização foi a construção do Templo Sagrado em Jerusalém.[6] Quase todo o conhecimento sobre ele é derivado dos livros bíblicos de Reis I e Crônicas II. Não era o filho mais velho do rei David e de Bate-Seba, mas David prometera a Bate-Seba que Salomão seria o próximo rei. Quando Adonias, primogênito de David, se declarou rei, David ordenou que seus servos levassem Salomão à fonte de Giom, onde o sacerdote o ungiu enquanto David ainda estava vivo, e ele herdou, assim, o grande império de seu pai.

---

[6] O LIVRO da Goetia de Salomão, poderes demoníacos e desejos humanos. **Aliena Mundi**, 25 jun. 2021. Disponível em: https://alienamundi.blogspot.com/2021/06/o--livro-da-goetia-de-salomao-poderes.html. Acesso em: 28 jun. 2024.

Salomão também acumulou uma enorme riqueza. Ele controlava toda a região a oeste do Eufrates e tinha paz em suas fronteiras. Reis I afirma que ele possuía doze mil cavalos com cavaleiros e 1,4 mil carros. Restos de baias para 450 cavalos foram encontrados em Megido. Ele teve uma grande participação no comércio entre os países do norte e do sul e estabeleceu colônias israelitas ao redor de sua província para cuidar de assuntos militares, administrativos e comerciais.

Essa sabedoria advém do fato de que a vida judaica se baseia estritamente na religião fundamentada nos seguintes livros sagrados:

1. O **Tanach**, que tem como mensagem principal a unidade de D'us e sua Aliança Eterna com o povo de Israel.
2. O **Talmude**, livro doutrinário que explica o conhecimento e os ensinamentos do povo judeu, interpretando e expondo os versos da Tanach para descobrir os significados ocultos. Composto pela Mishná (Lei Oral) e pela Guemará (comentário da Mishná), contém seis ordens, cada uma contendo de sete a doze tratados (63 no total), e é dividido em capítulos e parágrafos.
3. O **Shulchan Aruch** (Mesa Posta), o código da Lei Judaica, sendo a mais largamente aceita compilação de leis judaicas.

Apesar de muitas tentativas de identificar e organizar os mandamentos presentes na Torá, a visão tradicional é baseada na enumeração do grande sábio e rabino espanhol Moshe ben Maimon, conhecido como Maimônides (1138-1204). De acordo com essa tradição, há 613 mandamentos divididos em duas classes:

INTRODUÇÃO **29**

*[...] **mandamentos positivos**, no sentido de realizar determinadas ações (mitzvot assê, mandamentos do tipo "faça!", obrigações); e mandamentos negativos, nos quais é preciso abster-se de certas ações (mitzvot ló taassê, mandamentos do tipo "não faça!", proibições). Existem 365 **mandamentos negativos**, correspondendo ao número de dias no ano solar, como se cada dia dissesse à pessoa "Não cometa uma transgressão hoje"; e 248 mandamentos positivos, relacionados ao número de ossos ou órgãos importantes no corpo humano, isto é, como se cada membro dissesse à pessoa "Cumpra um preceito comigo".[7]*

É inegável que os judeus se firmaram como uma grande nação ao longo dos séculos pela observância dos mandamentos (*mitzvot* em hebraico) entregues por D'us no Monte Sinai, por meio de Moisés.

Contidos na Tanach – acróstico de Torá (Lei), Nevi'im (Profetas) e Ketuvim (Escritos) –, a Bíblia Judaica contém 39 livros e cerca de mil páginas. Já o Talmude, o compêndio que aplica e interpreta a Torá, tem cerca de 12 mil páginas e é extremamente relevante para os judeus.

O Talmude explica o significado dos segredos insculpidos nas palavras da Torá, decodificando-a – isto é, analisa, interpreta e extrai os significados ocultos e ensina como aplicá-los no dia a dia.

É óbvio que você não precisa virar judeu nem se converter para se tornar rico, mas seu sucesso financeiro depende da sabe-

---

[7] 613 mandamentos. *In*: WIKIPEDIA. Disponível em: https://pt.wikipedia.org/wiki/613_mandamentos. Acesso em: 28 jun. 2024.

doria que você adquire, e não somente de educação, sexo, raça ou experiências passadas; e isso o profeta Ezequiel ensinou em 28:4 há milhares de anos: "por sua sabedoria e discernimento você adquire riqueza".

A aliança, o pacto ou o contrato firmado entre D'us e o povo de Israel está descrito em Deuteronômio 29:9, que prescreveu: "Observa as Palavras do meu Pacto e as obedeça, assim tudo que vocês fizerem prosperará!". E, em Deuteronômio 29:10-13, Moisés ensinou ao povo de Israel o seguinte:

> *Vocês estão hoje na presença do Eterno, seu D'us, seus líderes e chefes homens, seus anciãos e oficiais e todos os homens de Israel, junto com seus filhos e suas esposas e os estrangeiros que moram em seus campos que corta vossa madeira e carrega vossa água. Vocês estão aqui para entrar em uma aliança com o Eterno, seu D'us, uma aliança que Ele está fazendo com vocês neste dia e selando com um juramento, para confirmar vocês como Seu Povo e Ele será vosso D'us como prometeu a vocês e jurou a vossos pais Abrão, Isaque e Jacó!*

E ainda destacou em 29:15: "Estou fazendo essa Aliança com vocês aqui hoje (na presença do Eterno, seu D'us) e com as gerações futuras que não estão aqui hoje!".

Mas notem que, no texto, Moisés fez a observação "e os estrangeiros que moram em seus campos", estendendo as bênçãos destinadas ao povo judeu aos estrangeiros, desde que observassem os mesmos mandamentos. Nesse sentido, também o profeta Isaías lembrou em

56:6 que "Eu (o Eterno) abençoarei os estrangeiros que se comprometerem a si mesmos com o Todo-Poderoso!".

O profeta Jeremias fez importantes lembretes a mando do Eterno, conforme escreveu em 11:3 e 11:6,8, de que "maldito é aquele que não obedece aos termos da minha aliança" e "lembra a antiga aliança e faça tudo que Ela requer, porque se recusarão a obedecer e eu trarei sobre eles as maldições descritas nesta Aliança". Portanto, as bênçãos de D'us sobre o povo judeu decorrente da observância dos mandamentos bíblicos são estendidas a toda a humanidade.

O povo judeu vê a riqueza como uma bênção e despreza a pobreza porque, sendo pobre, não é possível ajudar ninguém; e ao longo de milênios tem procurado contribuir com o desenvolvimento e o crescimento sustentável da humanidade.

Não sem razão, Winston Churchill (1874-1965), quando era primeiro-ministro da Inglaterra, afirmou que "algumas pessoas gostam dos judeus; outras, não. Mas nenhum homem pensativo pode negar o fato de que eles são, além de qualquer dúvida, a mais formidável e a mais notável raça que já apareceu no mundo".

Entre esse povo há um número significativo de figuras importantes que tiveram profundo impacto na história humana, tais como o físico Albert Einstein; o pai da psicanálise, Sigmund Freud (que era ateu, mas tinha origem judaica); o comunista Karl Marx; e os desenvolvedores da vacina contra a poliomielite, Jonas Salk e Albert Sabin. Ainda, cerca de 22% dos Prêmios Nobel foram concedidos a judeus, e nenhum outro povo conseguiu algo similar, combinando as habilidades e conquistas deles.[8]

---

[8] JEWISH Nobel Prize winners. **Jinfo.org**, c2002-2023. Disponível em: https://jinfo.org/Nobel_Prizes.html. Acesso em: 7 jun. 2024.

Destaca-se ainda a afirmação do presidente americano John Adams, quando disse:

> *os hebreus fizeram mais do que qualquer outra nação para civilizar o homem. Se eu fosse ateu e acreditasse no destino eterno cegamente, eu ainda acreditaria que o destino ordenou que os judeus fossem o mais essencial instrumento para civilizar as nações.*

É inegável que o rei Salomão seja o maior expoente dos princípios judaicos, sobretudo pela forma didática e simples como os ensina. Separei esses princípios em três pilares, sendo o primeiro a Gestão Patrimonial, objeto deste livro, e os demais são Vida & Conduta e Gestão de Negócios, que compõem os volumes 2 e 3 desta série, respectivamente.

O pilar de Gestão Patrimonial está representado por dezoito princípios (fundamentos) descritos nos próximos capítulos. O pilar de Vida & Conduta, volume 2, também está representado por dezoito princípios. A razão disso é muito especial: dezoito em hebraico é *chai*, que é traduzido como vivo, e é raiz da palavra *chaim*, que significa vida.

O povo judeu valoriza muito a vida. De fato, o mandamento de preservar a vida vem depois dos três primeiros mandamentos centrados em D'us. A palavra *chai* é predominante nos costumes judaicos. Suas duas letras hebraicas, *chet* e *yud*, tornaram-se um símbolo judaico, aparecendo principalmente em pingentes e outras joias ligadas ao judaísmo.

Além disso, cada letra hebraica tem um valor numérico correspondente no alfabeto. Assim, *chai* tem como equivalente numérico o número 18, pois a soma de *chet* (valor numérico 8) e *yud* (valor numérico 10) é 18. Por causa disso, o número 18 é único para os judeus. Eles fazem doações ou doam contribuições em múltiplos de 18.

O pilar de Gestão de Negócios, volume 3, está representado por seis princípios, e os três pilares totalizam juntos 42 princípios – e não existem coincidências no judaísmo. Nesse sentido, o Talmude Bavli ensina o significado do número 42 conforme está escrito no Tratado Kidushin 71a:

> *Rav Yehuda diz que Rav diz: O nome de Deus de quarenta e duas letras pode ser transmitido apenas para aquele que é discreto e humilde [...], não fica com raiva e não fica bêbado, e não insiste em seus direitos, mas está disposto a ceder. Não há preocupação de que tal pessoa possa revelar o nome em um ataque de raiva ou embriaguez. E qualquer um que conhece este nome e é cuidadoso com ele e o guarda em pureza é amado acima e estimado abaixo; e o medo dele é lançado sobre as criaturas; e ele herda dois mundos, este mundo e o Mundo Vindouro.*

O POVO JUDEU VÊ
A RIQUEZA COMO
UMA BÊNÇÃO
E DESPREZA A
POBREZA PORQUE,
SENDO POBRE,
NÃO É POSSÍVEL
AJUDAR NINGUÉM.

@DOVGILVANCI

01.
PRINCÍPIOS DE GESTÃO PATRIMONIAL

No artigo "The Coronavirus Crash of 2020 and The Investing Lesson it Taught Us" [A crise do coronavírus em 2020 e a lição de investimento que ela nos ensinou],[9] Liz Frazier descreve 2020 como um ano de ansiedade, incerteza, turbulência e dificuldades financeiras. A ansiedade foi sentida especialmente entre os que estão no mercado de ações, por um bom motivo: a forte queda das bolsas de valores americanas, causada pelo coronavírus, foi um grande e repentino evento global que começou em 20 de fevereiro de 2020 e terminou em 7 de abril do mesmo ano. Em 9 de março, a queda do Dow Jones foi de 7,79%; em 12 de março, foi de 9,99% e, em 16 de março, caiu 12,9%, uma das piores da história.[10] Entre 12 de fevereiro e 23 de março, o Dow Jones perdeu 37% de seu valor, oscilando entre 21.917,16 pontos, e a cotação em março de 2023 foi de 33.469,15 pontos, em uma recuperação rápida e impressionante.

---

[9] FRAZIER, L. The Coronavirus Crash of 2020 and The Investing Lesson It Taught Us. **Forbes**, 11 fev. 2021. Disponível em: www.forbes.com/sites/lizfrazierpeck/2021/02/11/the-coronavirus-crash-of-2020-and-the-investing-lesson-it-taught-us/. Acesso em: 10 jun. 2024.

[10] RICARDO, J. Segunda-feira negra em 1929, 1987, 2015 e 2020. **Economia e Negócios**, c2017-2020. Disponível em: https://economiaenegocios.com/segunda-feira-negra-em-1929-1987-2015-e-2020/. Acesso em: 10 jun. 2024.

Com um otimismo cauteloso, os investidores começaram a voltar ao mercado, mergulhando rápido e cada vez mais fundo. Em 17 de agosto, o S&P 500 subiu 27% desde sua mínima, estabelecendo mais uma vez recordes. Em novembro de 2020, os mercados dos Estados Unidos enfim retornaram aos níveis de janeiro, com o Dow ultrapassando 30 mil pontos pela primeira vez na história em 24 de novembro. Com tudo que aconteceu em 2020, no fim do ano a bolsa ainda crescia. O Dow Jones ganhou 6,6%, o S&P 500 ganhou 15,6% e o Dow Jones subiu surpreendentes 43,7%.

Apesar da crise econômica, financeira e de saúde global que ainda persiste, as flutuações do mercado de ações não são inteiramente baseadas em fatores econômicos. O pânico desempenha um papel de igual importância na volatilidade do mercado, embora a economia seja um fator crítico. Em 2020, o temor foi causado pela incerteza em torno do coronavírus e da economia, seguido por mais incertezas e pânico relacionados à controversa eleição presidencial estadunidense no final do ano.

Embora não com a mesma intensidade de 2020, as quedas no mercado de ações são relativamente comuns. No entanto, as principais recuperações também acontecem com frequência. Ao longo da história, o Dow Jones sofreu quedas significativas, como durante a Grande Depressão de 1929, o *crash* da Black Monday em 1987 e a Grande Recessão de 2008, que resultou em uma perda de 50% do seu valor. No entanto, o mercado se recuperou em todas as ocasiões e gerou uma taxa média de crescimento anual de cerca de 10%.

Isso posto, é importante entender quais premissas e mitigadores de risco o investidor deve utilizar, de modo a não ver seus investimentos virarem pó ao vendê-los em momentos de pânico, e sim aproveitar a oportunidade para aumentá-los. Quanto a esses aspectos, podemos aprender muito com o povo judeu porque, ao longo da história, ele se destacou entre os demais por ser bem-sucedido na gestão patrimonial, especialmente na liquidez. A principal razão para isso é que as decisões de investimentos se fundamentam nas instruções milenares fornecidas por D'us por meio da Torá.

Tais decisões se fundamentam em cinco mandamentos especiais, a saber:

- *tsedacá* (caridade/responsabilidade social);
- *tikun olam* ("consertar" o mundo);
- *tzedek* (justiça);
- *guemilut chasadim* (atos de bondade);
- *tikva* (esperança).

O primeiro deles, *tsedacá*,[11] é traduzido como "retidão", em que o cerne são a caridade e a responsabilidade social. No judaísmo e nas demais religiões, é ressaltada a importância do dízimo; e a Torá institui a obrigação da doação de 10% das colheitas aos mais carentes da comunidade. Destaca-se a relevância de a doação ser voluntária, anônima e constante, especialmente quando o doador cria meios para que o recebedor se torne independente dessa doação.

Já *tikun olam* é a premissa judaica para consertar o mundo. Isso envolve fazer investimentos sustentáveis considerando as premissas de ESG (também conhecido como "investimento socialmente responsável", "investimento de impacto" e "investimento sustentável"), ou

---

[11] POSNER, M. 15 fatos sobre tsedacá que todo judeu deveria saber. **Chabad.org**, 2019. Disponível em: https://pt.chabad.org/library/article_cdo/aid/4229541/jewish/15-Fatos-Sobre-Tsedac-que-Todo-Judeu-Deveria-Saber.htm. Acesso em: 10 jun. 2024.

seja, investimentos que priorizam fatores ou resultados ambientais, sociais e de governança ideais.

O investimento ESG é amplamente visto como uma forma de aplicar recursos de maneira sustentável, levando em consideração o meio ambiente e o bem-estar humano, bem como a economia. Baseia-se na crescente suposição de que o desempenho financeiro das organizações é cada vez mais influenciado por fatores ambientais e sociais. Essa premissa pode nos orientar a empregar capital e/ou doar para organizações com consciência social ou ambiental, ou pelo menos evitar aquelas que operam de maneira contrária.

Tzedek é a premissa da justiça e da equidade. É similar ao valor americano de que todos têm direito à vida, à liberdade e à busca da felicidade. Somos orientados a combater a injustiça onde quer que a vejamos e a ser conscientes de nossos próprios preconceitos. Essa premissa estabelece que devemos entender o impacto social das empresas nas quais investimos e favorecer aquelas com diversidade de raça, idade e gênero.

Guemilut chasadim, traduzido como "atos de bondade", é o chamado judaico para cuidado e compaixão. Encoraja-nos a dar o nosso tempo e os nossos recursos e a fazê-lo de modo verdadeiro, sem buscar holofotes, e diz que devemos apoiar os doentes e os idosos.

Por fim, a *tikva*, traduzida como "esperança", nos orienta a sermos otimistas com o futuro, independentemente da eventual crise econômica que se esteja enfrentando. Além de sermos otimistas, devemos inspirar as pessoas ao nosso redor a fazerem o mesmo.

Evitar dívidas é uma premissa de vida extremamente importante para o povo judeu, ainda mais porque o rei Salomão ensinou que, "assim como os pobres são dominados pelos ricos, quem pede dinheiro emprestado se torna escravo de quem empresta"

(Provérbios 22:7). Nesse sentido, em janeiro de 2023, o índice de famílias endividadas no Brasil aumentou pelo terceiro mês seguido, tendo chegado a 77,9%, segundo pesquisa divulgada pela Confederação Nacional do Comércio de Bens, Serviços e Turismo (CNC).[12]

Estando endividado, percebe-se a dificuldade do cidadão brasileiro comum de ter recursos disponíveis para investir pensando na aposentadoria, e esse endividamento ocorre por insuficiência de renda mensal para sua manutenção ou pelo consumismo, que tem forte impacto em sua renda e draga boa parte dela. A maioria das pessoas nunca analisa gastos, investimentos, seguros e objetivos futuros. Isso decorre principalmente de falta de planejamento, gastos em excesso (financiamento da fatura do cartão de crédito, financiamento de carros), uso de crédito para consumo, crença de que é cedo demais para pensar na aposentadoria, assunção de riscos elevados, foco demasiado no dinheiro e decisão baseada na emoção.

E AÍ SURGE A GRANDE PERGUNTA: QUAL O SEU PROPÓSITO DE VIDA? AONDE VOCÊ QUER CHEGAR? QUAIS SÃO AS SUAS METAS FINANCEIRAS? COMO GOSTARIA DE VIVER DURANTE SUA APOSENTADORIA?

---

[12] ABDALA, V. Percentual de famílias endividadas se mantém em 78%. **Agência Brasil**, 8 fev. 2023. Disponível em: https://agenciabrasil.ebc.com.br/economia/noticia/2023-02/percentual-de-familias-endividadas-se-mantem-em-78. Acesso em: 10 jun. 2024.

Tomar decisões é algo que fazemos o tempo todo, e, portanto, não é surpresa o fato de o cérebro ter mecanismos para aperfeiçoar esse processo. Um dos mecanismos cognitivos que usamos com frequência, tanto na tomada de decisões quanto na forma como percebemos e interpretamos informações, são as heurísticas. Elas funcionam como atalhos mentais, permitindo-nos processar e avaliar dados de maneira rápida e eficiente. Apesar de sua utilidade prática, as heurísticas também podem nos levar a falhas de percepção, avaliação e julgamento que divergem da lógica e da estatística. Esses erros ocorrem de maneira sistemática e previsível, em determinadas circunstâncias, e são chamados de vieses.[13]

Em situações que colocam o investidor como refém dessa camisa de força, algumas ideias para evitar tais vieses e tendências são: estabelecer objetivos para o dinheiro economizado (por exemplo, pagar a faculdade dos filhos), reavaliar se as variáveis do planejamento financeiro ainda são aplicáveis, aumentar o valor mensal poupado sempre que tiver um recurso extra e assumir que você é o único responsável por todas as suas decisões, inclusive as de investimento.

Vamos conhecer os fundamentos bíblicos que sustentam essa conduta e como eles foram aplicados ao longo dos séculos.

---

[13] COMISSÃO DE VALORES MOBILIÁRIOS (CVM). **Vieses do investidor**. Brasília: Comissão de Valores Mobiliários, 2015. (CVM Comportamental, 1). Disponível em: www.gov.br/investidor/pt-br/educacional/publicacoes-educacionais/cvm-comportamental/volume-1-vieses-do-investidor.pdf. Acesso em: 13 jun. 2024.

DEFINA PRIORIDADES

"Não construa a sua casa, nem forme o seu lar até que as suas plantações estejam prontas e você esteja certo de que pode ganhar a vida." (Provérbios 24:27)

O rabino Meir Leibush ben Yehiel Michel Wisser, mais conhecido como Malbim (1809-1879), mestre da gramática hebraica e comentarista da Bíblia, ensina o seguinte: antes de, com o objetivo de construir uma família, tomar para si uma mulher, deve-se buscar os meios que permitirão o sustento de tal família; preparar os campos para a lavoura, que fornecerá o alimento para a casa, e então montar a casa. De outra maneira, terá de recorrer à caridade ou ao roubo, ou ser forçado a negligenciar o estudo da Torá. Em nível metafórico e, pode-se dizer de modo geral, antes de qualquer ação devem ser feitos preparativos longamente meditados.

A definição de prioridades é o passo mais importante que um investidor pode dar, considerando as condições macroeconômicas do Brasil ao longo dos últimos cinquenta anos. Portanto, é necessário ter a resposta destas três perguntas básicas:

- Quanto é a renda de que você dispõe atualmente e quanto poderá investir?
- De qual renda mensal você estima que precisará quando atingir a idade da aposentadoria, não tendo mais a energia e a disposição atual para continuar trabalhando?
- Caso você tenha algum tipo de endividamento, quanto paga de juros anuais?

VOCÊ É O ÚNICO RESPONSÁVEL POR TODAS AS SUAS DECISÕES, INCLUSIVE AS DE INVESTIMENTO.

@DOVGILVANCI

A partir disso, você conseguirá definir quanto poderá investir mensalmente, quais desembolsos são prioritários e qual a expectativa de capital no futuro. Tenho alguns vídeos no Instagram e no TikTok ensinando como fazer isso, e costumo dizer que ser milionário é fácil, desde que se tenha disciplina para investir mensalmente, constância para manter os investimentos independentemente do cenário econômico, resiliência para não resgatar o investimento mesmo enfrentando fortes crises econômicas (como a provocada pela covid-19) e paciência para esperar o prazo planejado e poder acessar o capital construído ao longo do tempo.

Usando o aplicativo Calculadora do Cidadão, do Banco Central,[14] percebe-se que uma aplicação mensal de 300 reais em uma carteira de investimentos que renda 1% ao mês resultaria, ao fim de trinta anos, em um capital de 1.058.974,13 reais. Este valor, aplicado a taxas de hoje (Selic a 10,5% ao ano, neste momento, junho de 2024), renderia bruto (antes de computar imposto de renda) mensalmente 9.266,02 reais, ou seja, trinta vezes o valor que foi aplicado mensalmente. Se a mesma estratégia fosse aplicada para quarenta anos (480 depósitos de 300 reais), resultaria em um capital de 3.564.726,07 reais e, na mesma premissa, haveria um rendimento mensal bruto de 40.637,87 reais.

---

[14] CALCULADORA do cidadão. **Banco Central do Brasil**, 2024. Disponível em: www.bcb.gov.br/acessoinformacao/calculadoradocidadao. Acesso em: 10 jun. 2024.

> **Calculadora do cidadão**
>
> ### Cálculo do valor obtido ao final
>
> Valor do depósito regular
> **300 reais**
>
> Quantidade de meses
> **360**
>
> Taxa de juros mensal
> **1,00 % a.m.**
>
> Valor obtido no final
> **R$ 1.058.974,13**

Portanto, quando se trata de investimentos, tempo, literalmente, é dinheiro!

Depoimento de Elizabeth Holmenlund, CFA, vice-presidente, Capital Four Management, Copenhague, Dinamarca[15]

Eu realmente não sabia qual carreira iria seguir, mas graças a algumas bolsas de estudo e subsídios de diferentes fundações na Dinamarca, bem como ao generoso apoio educacional do governo dinamarquês, pude me mudar para Londres e estudar economia e gestão na London School of Economics (LSE). Quando comecei

---

[15] STEWART, B. Five Investing Success Stories from Five International Women. **CFA Institute**, 2021. Disponível em: https://blogs.cfainstitute.org/investor/2021/03/08/five-investing-success-stories-from-five-international-women/. Acesso em: 10 jun. 2024.

na LSE, nunca tinha ouvido falar em banco de investimento, mas enquanto estava lá fiquei fascinada por finanças.

Depois de me formar, fui trabalhar para o JP Morgan, em Londres, e lá fiquei por quase seis anos. Tinha sido a primeira vez que pude investir e administrar meu próprio dinheiro. Sempre estive muito ciente da necessidade de diversificação e, como meu risco de emprego era no JP Morgan, achei que deveria limitar meus investimentos pessoais na empresa. Como parte de nosso pacote de remuneração, recebíamos opções de ações, e muitas pessoas se apegavam a elas à medida que eram adquiridas ao longo do tempo. Para diversificar o risco, minha estratégia sempre foi vender minhas ações enquanto eram adquiridas no primeiro dia da janela de negociação. Essa estratégia não é específica do JP Morgan e, aliás, teria sido uma ação muito boa de se ter, mas, para mim, foi uma estratégia pura de gerenciamento de risco, e valeu muito a pena. Outra coisa que funcionou para mim foi converter todos os meus bônus de libras esterlinas para dólares americanos. Como todos os meus ganhos eram em libras, mas meus investimentos eram em dólares americanos, essa era uma maneira de vender libras como *hedge* e também igualar a moeda de meus ativos de investimento com a moeda de minhas obrigações do dia a dia.

Fora das minhas estratégias de ações do JP Morgan, devo dizer que sou muito chata quando se trata de investir meu próprio dinheiro. Não quero uma abordagem complexa e não quero pagar taxas de administração se puder evitar. Acho que isso é resultado de ter estudado para me tornar uma *CFA charterholder* e ter trabalhado tantos anos na indústria de investimentos. Sei que é quase impossível vencer o mercado e não acho que sou mais esperta do que os outros. Então, por que tentar? Além disso, olho para investimentos o dia todo por causa do meu trabalho, e também não quero fazer isso no meu tempo livre! Eu invisto exclusivamente no MSCI World ETF e, em 2016, meu melhor ano, tive um retorno de +30%.

Depoimento sobre Helen e Jeff Brown[16]

Helen e Jeff Brown fazem com que pareça fácil. Os Brown, que moram em Indianápolis, são poupadores dedicados e investidores experientes. E, graças ao seu trabalho árduo, eles valem vários milhões de dólares.

Os Brown normalmente não compram ações individuais e tendem a se ater a fundos mútuos com histórico sólido. Atualmente, têm 60% de seus ativos em ações e 40% em títulos e dinheiro; uma alocação bastante convencional devido à idade deles (Jeff tem 52 anos e Helen tem 50). Mais da metade do dinheiro em ações dos Brown e um quarto de seu dinheiro em títulos é investido em fundos de índice. Fundos de ações gerenciados ativamente oferecidos pela Vanguard, pela American e pela Heartland completam suas participações em ações. A Pimco Total Return e a Templeton Global Bond respondem pela maior parte do restante de suas participações em títulos. "Nunca fizemos mudanças radicais em nossa estratégia de investimento e nunca saímos do mercado", diz Jeff. Cerca de 60%

---

[16] LEARY, E.; BLOCK, S. An Investing Success Story: How One Couple Became Millionaires. **Kiplinger**, 2013. Disponível em: www.kiplinger.com/article/investing/ t037-c000-s000-an-investing-success-story-jeff-and-helen-brown.html. Acesso em: 10 jun. 2024.

dos ativos financeiros dos Brown estão em contas de poupança para faculdade e aposentadoria com benefícios fiscais.

Os Brown também foram poupadores disciplinados. Helen diz que mesmo logo após a faculdade, quando vendeu computadores para a IBM, ela economizou 35% de seu salário líquido. "Eu conhecia pessoas que compravam BMWs e Rolexes", diz ela, "mas mantive o rumo do meu plano de economia e comprei meu Altima, vivendo apenas dentro de minhas posses". Hoje, o casal economiza 33% do salário de Jeff antes dos impostos (agora que eles têm três filhos em idade escolar, Helen não trabalha mais fora de casa) e, no fim de cada mês, eles varrem todo o dinheiro restante de suas contas-correntes e o transfere para as contas de investimento. Diz Jeff: "Nunca me sinto como se tivéssemos dinheiro extra para gastar".

Os Brown são bem organizados. Jeff, que é advogado corporativo, gasta cerca de trinta horas por mês acompanhando os bens, dívidas e investimentos da família em planilhas de Excel. Seu objetivo é certificar-se de que eles estão tirando o máximo proveito de suas contas de poupança para a faculdade e para a aposentadoria com privilégios fiscais e de modo a ficar no topo de sua alocação de ativos. Em suas planilhas, Jeff também acompanha as mudanças no patrimônio líquido da família ao longo do tempo – o qual mais do que dobrou nos últimos quatro anos. Isso se deve em parte ao forte desempenho do mercado de ações desde o fim do mercado de baixa de 2007-2009. A decisão do casal de se manter firme enquanto o mercado estava afundando levou a perdas substanciais, mas também os deixou em posição de se beneficiar da notável recuperação.

Como esse princípio me afetou

Desde os 8 anos, sou apaixonado pelo jogo Banco Imobiliário. A facilidade de lidar com números e a possibilidade de reproduzir o jogo na vida real usando o mercado imobiliário atiçaram minha mente. Aos 11 anos, disse à minha mãe que eu teria uma empresa contábil e de investimentos. Óbvio que, naquela idade, só tinha em mente que todas as pessoas e empresas precisam de um ótimo contador e um ótimo assessor de investimentos.

Saí da casa dos meus pais aos 17 anos, sem absolutamente nada, mas aquela diretriz foi um norte para seguir minha carreira acadêmica. Aos 22, iniciei o embrião do que seria a minha empresa com atuação global (Gennesys Consulting) e tive que abrir mão de um estilo de vida típico de um garoto dessa idade, para me dedicar a diversas pós-graduações em áreas como auditoria, investimentos, tributação e ao mestrado em gestão e produção agroindustrial.

O resultado mais relevante eu alcancei por volta dos 30 anos, quando comecei a colher os frutos de uma sólida formação acadêmica, e o fato de ser poliglota também foi um grande diferencial. Portanto, quanto mais cedo você definir as prioridades da sua vida, mais possibilidades de êxito terá, ainda que esse planejamento vá se ajustando ao longo dos anos!

TENHA UM FUNDO DE EMERGÊNCIA

"O rei também deve escolher homens que ficarão encarregados de viajar por todo o país para recolher a quinta parte de todas as colheitas, durante os sete anos em que elas forem boas. Durante os anos bons que estão chegando, esses homens ajuntarão todo o trigo que puderem e o guardarão em armazéns nas cida-

des, sendo tudo controlado pelo senhor. Assim, o mantimento servirá para abastecer o país durante os sete anos de fome no Egito, e o povo não morrerá de fome." (Gênesis 41:34-36)

Todo cidadão deve ter sua reserva de emergência. Se empregado, o valor deve ser de pelo menos seis vezes sua remuneração mensal e, se for profissional liberal, doze vezes sua renda mensal. Na estratégia mencionada anteriormente, a de definir prioridades, deve-se investir a longo prazo somente após criada a reserva financeira, ainda mais porque na carteira desse tipo de investimento há alocações que possivelmente não terão liquidez para resgate a longo prazo.

Não é prudente ser refém de imprevistos. Portanto, a reserva financeira deverá ser investida em uma carteira de renda fixa com liquidez diária em aplicações como Certificado de Depósito Bancário, ou CDBs, de bancos (preferencialmente de primeira linha), fundos DI de boas gestoras/custodiantes (usualmente os grandes bancos e corretoras têm esses produtos disponíveis) e demais produtos em que haja apenas o risco de crédito do emissor.

Como esse princípio me afetou

O maior erro de um investidor é não separar a parcela de sua liquidez que poderá alocar no longo prazo daquela parcela que é sua reserva emergencial. Nos anos 2000, quando houve a bolha da internet – que fez com que várias empresas de capital aberto na bolsa de tecnologia Nasdaq simplesmente virassem *pó* –, vivi as dificuldades de ignorar esse princípio. Eu mantinha uma parcela razoável de meu portfólio em algumas empresas de tecnologia que tinham negócios sólidos, mas que também foram duramente afetadas. Como a queda tinha sido superior a 50%, decidi alocar a reserva de emergência também nessas ações, buscando fazer "custo médio" menor.

No mercado de capitais simplesmente não existe fundo do poço: o que está ruim pode piorar mais ainda – e a carteira de ações caiu mais 18,3%. Quando ela já estava se recuperando, houve os atentados de 11 de setembro de 2001, derretendo tudo outra vez. Apenas em janeiro de 2004 minha carteira se recuperou, e decidi que jamais misturaria as duas estratégias (longo prazo e reserva de emergência).

QUANTO MAIS CEDO VOCÊ DEFINIR AS PRIORIDADES DA SUA VIDA, MAIS POSSIBILIDADES DE ÊXITO TERÁ.

@DOVGILVANCI

02.
DIVERSIFICAÇÃO DOS INVESTIMENTOS E PORTFÓLIO DO TALMUDE

"Empregue o seu dinheiro em bons negócios e com o tempo você terá o seu lucro. Aplique-o em vários lugares e em negócios diferentes porque você não sabe que crise poderá acontecer no mundo." (Eclesiastes 11:1-6)

DIVERSIFICAÇÃO DE INVESTIMENTOS

O banqueiro judeu Edmond Safra disse em certa ocasião: "Se você não semear, como colherá?". Investir em ativos financeiros representa grande parte da vantagem da riqueza judaica. Entretanto, investir em ativos financeiros de alto risco e possível alto retorno em oposição a investimentos relativamente conservadores, como certificados de depósito, pode ter efeitos dramáticos na riqueza total acumulada ao longo da vida. Na jornada em direção à riqueza, uma pessoa pode ter que segurar os gastos por um período e economizar o máximo que puder, mesmo que isso signifique viver de modo mais simples. O rei Salomão ensinou que "aqueles que amam o prazer tornam-se pobres; aqueles que amam o vinho e o luxo nunca serão ricos" (Provérbios 21:17).

A ideia é trabalhar duro e economizar por um período. Depois que uma grande quantia é acumulada, ela pode ser investida em ativos financeiros. Um investimento inteligente trará um alto retorno e será capaz de sustentar o estilo de vida desejado, o que nos lembra de uma fala do gestor de investimentos judeu David Einhorn: "Um centavo economizado é melhor do que uma libra ganha".

Em tempos atuais, o consumismo se tornou um grande problema, porque se consome muito e economiza pouco. Nesse sentido, o rei Salomão ensinou que "os sábios têm riqueza e luxo, mas os tolos gastam tudo o que conseguem" (Provérbios 21:20). Uma vez que um indivíduo tenha economizado e investido com sucesso, seu retorno sobre o investimento sustentará seu estilo de vida desejado. Plante uma árvore de dinheiro para seus filhos.

No Talmude, há a história de um sábio que viu um homem plantando uma alfarrobeira e lhe perguntou: "Quanto tempo levará para esta árvore dar frutos?". A resposta que ouviu foi "setenta anos". O sábio então questionou: "Você é um homem tão saudável que espera viver tanto tempo e comer os frutos dela?". O homem respondeu: "Encontrei um mundo frutífero, porque meus ancestrais o plantaram para mim. Da mesma forma, estou plantando para meus filhos" (Ta'anit 23a).

Poupar pode ser visto como plantar sementes – pode demorar muito, mas o crescimento trará uma colheita substancial. Lembremos o ensinamento do rei Salomão: "Aquele que colhe pouco a pouco aumentará" (Provérbios 13:11).

Uma vez que as economias se acumulam e são investidas com sabedoria, elas vão, em muitos casos, produzir um grande retorno ou gerar uma renda passiva estável que sustente o estilo de vida desejado. É uma estratégia de riqueza tão simples, mas muitos não têm autocontrole para conter seus hábitos de consumo, e muito dinheiro é perdido devido à escolha imprudente de amigos e a um estilo de vida extravagante, pelo qual não se pode pagar. Nesse sentido, Provérbios 23:20-21 ensina: "Não seja um dos que bebem vinho ou dos que comem carne em excesso, pois tanto o bêbado quanto o comilão ficarão pobres; a sonolência os vestirá com trapos".

Uma das advertências financeiras mais proeminentes encontradas em Provérbios é contra a prestação de fiança a favor de terceiros: "Quem dá a mão para garantir empréstimo ao próximo é falta de bom senso" (Provérbios 6:1). Prestar fiança a outrem é o processo pelo qual alguém assume a responsabilidade pelas dívidas de terceiros, especialmente porque, se a dívida não for paga pelo devedor originário, o fiador poderá se ver na posição de não ter os recursos para cobrir tais dívidas (Provérbios 17:18). "Não sejas daqueles que dão penhor, garantindo empréstimos feitos a outros; porque, se não tiveres com que pagar, tirar-te-ão a cama de debaixo de ti" (Provérbios 22:26-27).

Ademais, nunca se deve acreditar em meras palavras que impliquem compromissos financeiros sem análise acurada da situação, conforme ensinado em Provérbios 14:15: "O irrefletido acredita em cada palavra; mas o homem prudente olha bem para o seu caminho". Há também outras orientações nesse sentido:

"Os planos do diligente levam apenas à abundância"
(Provérbios 21:5).

"Sem deliberação, os planos dão errado" (Provérbios 15:22).

"Aquele que corre para ficar rico não ficará impune. [...] Aquele que é ganancioso corre atrás de riquezas, sem saber que a necessidade o alcançará" (Provérbios 28:20-22).

"Todos os que se apressam chegam apenas à necessidade"
(Provérbios 21:5).

PORTFÓLIO DO TALMUDE

O Talmude Bavli Yevamoth 63a recomenda, ainda, investir em negócios: "Cem zuz nos negócios significa carne e vinho todos os dias". Um método comum de investir em negócios é por meio da compra de ações. A ação ordinária é propriedade de parte de uma empresa, e, se comprada, você tem direito a uma parte dos lucros por ela produzidos. Quanto mais ações você tiver, maior será a parte da empresa que você possui. No longo prazo, nenhum investimento oferece melhores retornos com um risco razoável do que as ações. A história mostra que elas pagam em média de 6 a 12% ao ano. Comprar ações de uma organização bem estabelecida e lucrativa reduz o risco.

Há que se ter em mente que a recomendação de diversificar os investimentos, hoje parte indispensável de qualquer estratégia, foi feita há mais de 2 mil anos, mas somente há algumas décadas foi consolidada na Teoria Moderna de Carteiras, também conhecida como Moderna Teoria de Portfólio. Combinando esse e outros conceitos, o trabalho pioneiro de Harry Markowitz na década de 1950 contribuiu para formalizar matematicamente a máxima de "não colocar todos os ovos em uma única cesta" e nos ajudar a montar carteiras de investimento. Séculos se passaram até que ele e outros economistas lançassem as bases do modelo, mas a ideia já estava lá, registrada na Bíblia como uma orientação fundamental.

Se você fosse um comerciante nos tempos bíblicos esperando ganhar dinheiro com a venda de tecidos, não faria sentido carregar todo o seu estoque em um único navio. Se o navio afundasse, você perderia tudo de uma só vez. Se dividisse sua carga em mais de um navio, cada um indo por uma rota diferente, as chances de que todos afundassem seriam muito baixas. Assim, mesmo perdendo um ou dois navios, você poderia ganhar o suficiente para obter lucro.

Nesse sentido, usamos o que chamamos de Talmude Portfólio, uma estratégia de lei civil e religiosa oriunda do Talmude. Ela preconiza, conforme o Talmude Bavli, Bava Metzia 42a:

> *Todo homem divida seu dinheiro em três partes, e invista um terço em terras, um terço em negócios e um terço que ele mantenha em reserva.*

Esse foi um registro de debates entre rabinos sobre a lei judaica que data de 1200 a.C., Roger Gibson também compartilhou esse conceito, no livro *Asset Allocation: Balancing Financial Risk* [Alocação de ativos: equilibrando o risco financeiro], publicado pela primeira vez em 1989.[17]

Com base nesse princípio, o portfólio segue uma estratégia de alocação de ativos que inclui apenas essas três classes: terrenos, negócios e dinheiro. Seria o que chamamos de "portfólio preguiçoso", porque sua gestão não daria muito trabalho. A estratégia é centrada no conceito de compra e retenção e foi projetada para ser fácil de configurar e gerenciar; nas ações, é o famoso *buy and hold* (comprar e manter).

Alocação de ativos da carteira

Conforme mencionado anteriormente, a alocação dentro do portfólio é toda voltada para três classes de ativos. Eles incluem:

1. **Aplicar 33,4% em ações.** Um terço da alocação da carteira deve ser investido em ações, refletindo a alocação mencionada pelo Talmude em "negócios". Uma forma segura de fazer isso

---

[17] GIBSON, R. **Asset Allocation:** Balancing Financial Risk. Nova York: McGraw-Hill, 1989.

é comprando fundos que repliquem o índice da bolsa, como o BOVA11 no Brasil, que replica 99% o Ibovespa, ou o SPY, que reflete o índice da bolsa americana S&P 500.

2. **Investir 33,3% em imóveis.** O Talmude também estipula que um terço do capital deve ser colocado em terras. No portfólio, isso é representado por investimentos imobiliários diversificados por meio de fundos de investimentos imobiliários, cujos rendimentos recebidos são isentos de imposto de renda, evitando, assim, a concentração da alocação. É óbvio que você poderá comprar imóveis isoladamente, mas isso diminuirá bastante a liquidez para resgate dos ativos, uma vez que imóveis demoram um pouco mais para serem vendidos.

3. **Empregar 33,3% em renda fixa.** Na outra alocação, o Talmude se refere apenas a "dinheiro", como sinônimo de reserva de caixa. Isso pode ser alocado pela compra de produtos financeiros como títulos públicos federais (Tesouro Selic, Tesouro IPCA etc.), bem como papéis emitidos por bancos de primeira linha, que permitam resgates em até trinta dias. É importante destacar que, caso o investidor resolva comprar papéis de bancos menores, a exposição deve ser limitada, uma vez que o Fundo Garantidor de Crédito (FGC) só garante alocação de até 250 mil reais por CPF (portanto, você deverá calcular o principal e os juros futuros de maneira a enquadrar o total nesses 250 mil, para evitar prejuízos financeiros e custo de oportunidade).

O portfólio foi projetado para alinhar seus investimentos com as crenças judaicas. No entanto, a tese por trás do investimento vai muito além disso. Em primeiro lugar, os Exchange Traded Fund (ETFs) usados para obter exposição a ações, imóveis e títulos são todos fundos bastante diversificados. Graças à diversificação de portfólio, quem se beneficiar dessa estratégia de investimento estará razoavelmente protegido contra uma volatilidade significativa do mercado.

Além disso, a estratégia é construída sobre o trabalho fundamental do já citado Harry Markowitz, o pai da Moderna Teoria de Portfólio – a qual, relembrando, sugere que uma combinação de ativos voláteis não correlacionados pode ser usada para obter retornos mais altos e, ao mesmo tempo, reduzir o risco de rebaixamento. Quando um ativo perde valor, outros ativos no portfólio têm um bom desempenho, compensando essencialmente grande parte do risco financeiro. Veja como cada classe de ativos funciona no portfólio a seguir.

- **Ações:** Elas tendem a ter um bom desempenho quando as condições econômicas são positivas, levando ao crescimento dos lucros corporativos. Nesses momentos, títulos públicos (especialmente os atrelados à inflação) e renda fixa em geral nem sempre são positivos, mas o grande crescimento das ações ajuda a compensar as quedas dos ativos de renda fixa.
- **Renda fixa:** Estes ativos são usados há muito tempo como investimentos seguros aos quais os investidores recorrem quando as condições econômicas e de mercado pioram. Eles tendem a crescer em valor durante as contrações econômicas e os mercados de baixa, ajudando a compensar a volatilidade das participações acionárias.
- **Imobiliário:** Este setor tende a se recuperar dos mercados de baixa antes das ações. Afinal, quando as condições econômicas são negativas, o Banco Central adota uma política monetária mais liberal (que o mercado chama de "dovish"), levando a taxas mais baixas e mais dinheiro disponível para empréstimos, o que estimula os gastos do

consumidor. O contrário também é verdade, quando o Banco Central adota uma política monetária mais contracionista (que o mercado chama de "hawkish"), podendo provocar recessão e queda nos lucros corporativos. Embora geralmente haja um atraso significativo entre o momento em que essas mudanças ocorrem e a recuperação do mercado de ações, o mercado imobiliário costuma se recuperar mais depressa, levando a ganhos neste lado do portfólio e ajudando a compensar os mercados de baixa quando eles chegam ao fim.

Vantagens

Existem várias vantagens em usar essa estratégia de portfólio, e é por isso que ela se tornou tão popular ao longo dos anos. Algumas das vantagens mais significativas incluem:

1. **Retornos atraentes:** Ao testar esta estratégia de portfólio, seu desempenho ao longo da história tem sido convincente. Embora não seja provável que supere os benchmarks amplamente aceitos em termos de retornos brutos, tal estratégia superou historicamente o S&P 500 em termos de retornos ajustados ao risco usando o índice de Sharpe. Isso é um feito impressionante.

2. **Simplicidade:** Para acompanhar essa carteira, você só precisará investir em três fundos com grau de investimento. Isso é tão simples quanto um portfólio, tornando a configuração e o gerenciamento rápidos e fáceis. Isso sem mencionar que, como é uma carteira *buy and hold*, a manutenção regular também é fácil.

3. **Conformidade com a lei judaica:** Para alguns investidores, o cumprimento das leis de sua religião é uma obrigação. A comunidade de investidores judeus pode ter certeza de que, ao empregar essa estratégia, seu portfólio estará de acordo com as leis de sua fé.

MUITO DINHEIRO É PERDIDO DEVIDO À ESCOLHA IMPRUDENTE DE AMIGOS E A UM ESTILO DE VIDA EXTRAVAGANTE, PELO QUAL NÃO SE PODE PAGAR.

@DOVGILVANCI

Desvantagens

É importante estar também atento às desvantagens que podem decorrer dessa estratégia de portfólio.

1. **Nenhuma exposição ao prêmio de risco:** O fundo não enfoca fatores que pagam prêmios, como investir em pequenas empresas com características de valor. Isso pode vir a ser uma limitação se tiver apenas um terço do portfólio investido em ações. Se você optar por seguir essa estratégia, considere ajustar suas participações em ações para se inclinar a fatores de valor ou ajustar para que parte desse um terço tenha alguma exposição a ações de companhias menores (como o fundo brasileiro SMAL11).

2. **Sem exposição internacional:** A construção tradicional da carteira investe em um fundo diversificado que detém ações do Brasil, mas que não aborda os cerca de 95% da capitalização de mercado global existente nos mercados internacionais. Sem exposição internacional, não há como lucrar com o crescimento de negócios fora do Brasil. Importa destacar que, como acontece com qualquer outra estratégia, o Talmude Portfólio não foi projetado para ser usado por todos. Afinal, seus objetivos, horizonte de tempo e recursos financeiros provavelmente serão muito diferentes dos de seus amigos.

Tipos de investidor

Há de se conhecer seu perfil de investimento para definir qual a estratégia mais adequada, assunto sobre o qual discorrerei mais à frente. Exemplo típico de um portfólio global conforme o Talmude é o seguinte:

FUNDO	% PESO		TICKER	TIPO
TALMUDE PORTFÓLIO	100,0			
ISHARES PREFERRED & INCOMES	15,0		PFF US	Renda fixa
INVESCO PREFERRED ETF	10,0		PGX US	Renda fixa
ISHARES CORE U.S. AGGREGATE	8,0	33,0	AGG US	Renda fixa
ISHARES COHEN & STEERS REIT	6,6		ICF US	Imobiliário
ISHARES US REAL ESTATE ETF	6,6		IYR US	Imobiliário
ISHARS RES AND MULTI REALES	6,6		REZ US	Imobiliário
REAL ESTATE SELECT SECT SPDR	6,6		XLRE US	Imobiliário
VANGUARD REAL ESTATE ETF	6,6	33,0	VNQ US	Imobiliário
ISHARES S&P 500 VALUE ETF	7,0		IVE US	Ações
VANGUARD FTSE DEVELOPED ETF	6,0		VEA US	Ações
INVESCO QQQ TRUST SERIES 1	5,0		QQQ US	Ações
SPDR S&P 500 ETF TRUST	4,0		SPY US	Ações
VANGUARD TOTAL STOCK MKT ETF	4,0		VTI US	Ações
ISHARES MSCI EMERGING MARKET	3,0		EEM US	Ações emergentes
VANGUARD FTSE EMERGING MARKET	3,0		VWO US	Ações
VANGUARD SMALL-CAP VALUE ETF	2,0	34,0	VBR US	Ações
TOTAL		100,0		

Apesar de a tradição judaica estar impressa no nome dessa estratégia, com seus ativos em carteira escolhidos especificamente para atender às exigências da lei do judaísmo, não é necessário ser seguidor de nenhuma religião para usá-la. Na verdade, ela é uma ótima opção para muitos investidores de meia-idade, porque o risco de sua alocação de ativos é relativamente moderado. Pode não ser uma boa opção para investidores mais jovens com horizontes a longo prazo e que têm tempo para se recuperar caso ocorra uma grande redução em seus portfólios.

Em relação ao perfil de investidor, é importante ter em mente as informações a seguir,[18] já que a estratégia de diversificação dos investimentos deverá estar alinhada com o seu perfil, a fim de evitar alocação inadequada e fortes prejuízos financeiros.

- **Investidor individual:** Segundo a B3, quem não investe por meio de uma instituição é um investidor individual. Ou seja, se a pessoa não efetuar as aplicações de maneira profissional, então é nesta categoria que ela se enquadra. É alguém com conhecimento de mercado mais limitado.
- **Investidor profissional:** Segundo a Comissão de Valores Mobiliários (CVM), é aquele que tem investimentos superiores a 10 milhões de reais, com essa condição oficializada por escrito, podendo ser tanto pessoa física quanto empresas. Inclusive, se um investidor individual tiver esse patrimônio, ele pode ser considerado, também, profissional. Nesta categoria há: fundos de investimentos; companhias seguradoras; sociedades de capitalização; clubes de investimentos, desde que sejam geridos por alguém autorizado pela CVM; agentes autônomos de carteira, analistas, administradores e consultores de valores mobiliários autorizados; todas as instituições que forem autorizadas a funcionar pelo Banco Central.

---

[18] STUMPF, K. Tipos de investidores e perfil de investidor: quais as diferenças. **TopInvest**, 26 jul. 2022. Disponível em: www.topinvest.com.br/tipos-de-investidores/. Acesso em: 28 jun. 2024.

- **Investidor qualificado:** Conforme a CVM, é aquele que tiver pelo menos 1 milhão de reais aplicados, seja pessoa física ou jurídica. Essa informação deve ser fornecida por escrito. Pessoas com as certificações CGA, CEA, CFP e CNPI também podem ser chamadas de investidores qualificados.
- **Investidor não residente:** Como o próprio nome já informa, são investidores que residem no exterior e têm patrimônio alocado no Brasil, efetuando os investimentos por meio de uma instituição regulada pelo Banco Central.

Perfil de investidor

São três perfis, e você deverá se enquadrar em um deles para definir quais ativos financeiros são elegíveis para entrar no seu portfólio.

- **Conservador:** Tem baixa tolerância ao risco. São pessoas que estão investindo pela primeira vez e ainda não conhecem muito bem o mercado financeiro. Normalmente optam por aplicações de renda fixa, nas quais os rendimentos previstos são uma certeza e as chances de perder algum dinheiro são mínimas.
- **Moderado:** Geralmente, esse investidor já aloca uma pequena parte de seu portfólio em renda variável, com uma estratégia de 90% em renda fixa e de 10 a 20% em renda variável.
- **Arrojado:** Neste perfil se enquadra o investidor experiente e com patrimônio suficiente para arriscar aplicações maiores e de risco mais elevado. Geralmente, não tem a segurança como prioridade e a possibilidade de lucro será mais importante. O portfólio é mais diversificado e a alocação é muito maior em renda variável.

Como verificar seu perfil de investidor

A análise do perfil de investidor (conhecido como *suitability*) é obrigatória. Aplicam-se as perguntas a seguir (entre outras conforme a instituição financeira) para identificar tal perfil:[19]

- Qual o seu grau de conhecimento sobre o mercado financeiro?
- Qual sua renda mensal atual?
- Quanto da sua renda atual é gasta no pagamento de dívidas?
- Qual o seu principal objetivo ao investir?
- Em quanto tempo você deseja ter retorno com os seus investimentos?
- Qual quantia você pode investir mensalmente?
- Você tem uma reserva de emergência?
- Você tem pessoas dependentes da sua renda em sua família?
- Como você se sente em relação aos riscos que uma aplicação pode ter?

Ao se basear em um perfil, utilizam-se as respostas para definir um planejamento financeiro de longo prazo que faça sentido aos objetivos do investidor, de modo a assumir riscos considerados toleráveis e obter rendimentos sem surpresas, dentro do planejamento.

Como esse princípio me afetou

Este princípio sempre foi o mais impactante no meu portfólio de investimentos: todas as classes de ativos têm de ser diversificadas. Imagine um portfólio tradicional arrojado no qual você aloca 40% em ações e 60% em renda fixa. Os 40% devem ser distribuídos em uma carteira com ações de pelo menos dez empresas (sendo cinco boas pagadoras de

---

[19] *Ibidem.*

dividendos e cinco empresas de crescimento/tecnologia). Além disso, os 60% devem ser distribuídos entre papéis emitidos pelo Tesouro Nacional e por companhias privadas, observando-se sempre os vencimentos e o peso de cada papel de renda fixa encarteirada, de modo que individualmente nunca ultrapassem mais de 5% do portfólio total.

Como tenho perfil arrojado, em 1998, mais de 85% do meu portfólio estava em ações, com apenas 10% em renda fixa. Naquele ano, explodiu a crise da Ásia, e o Ibovespa caiu. Eu tinha grande concentração especialmente na Petrobras e no Banco do Brasil. A queda do meu portfólio foi de 58,5%. Para piorar, ainda teve o efeito da bolha da internet em 2000, os atentados de 11 de setembro em 2001 e o efeito Lula em 2002.

Depois de ter vivido grandes crises econômicas, aprendi que não basta ter apenas ótimas empresas com excelentes fundamentos econômico-financeiros; também é necessário ter diversificação adequada na carteira de ações. Mesmo tendo um horizonte no longo prazo, não é fácil ver seu patrimônio derreter 60 ou 70% e demorar mais de sete anos para se recuperar!

REDUZA O RISCO À MEDIDA QUE ENVELHECE

Como nos traz a Bíblia em Eclesiastes 5:13-14: "Eu tenho visto neste mundo esta coisa triste: algumas pessoas economizam dinheiro e sofrem com isso. Perdem tudo em um mau negócio e assim não deixam nada para os filhos". No texto, um pai perde tudo em um investimento ruim e não tem nada para deixar ao filho. Mas, se a herança do filho está em risco, também pode provocar um desastre na vida do pai.

A perda do dinheiro destinado à aposentadoria em um mundo onde a expectativa de vida aumenta a cada ano é uma catástrofe. Hoje, alguém com 65 anos pode necessitar de dinheiro por pelo menos mais quinze anos. Significa dizer que é necessário substituir investimentos de risco, como ações, por títulos mais conservadores à medida que se envelhece, para evitar a perda de uma grande parte do capital acumulado. Se isso acontecer, provavelmente a pessoa terá de continuar trabalhando.

Como esse princípio me afetou

Esse princípio é muito ignorado pela maioria dos investidores, e muitos esquecem que há uma conta simples a se fazer quando mais de 80% de seu patrimônio está alocado em ações: a simulação para verificar se, em uma queda de 70% diante de uma forte crise econômica (como a vivida em 2020 por conta da covid-19), você ainda terá rendimentos suficientes para garantir de trinta a quarenta anos de aposentadoria tranquila.

Como nem sempre isso é possível, o melhor é, a partir dos 55 anos, reduzir 70% da carteira de ações na proporção de 7% ao ano. Como assessor de investimentos, sempre procuro manter o perfil de meus clientes adequados à idade, em especial para quem tem mais de 50 anos. Lembro-me de um cliente espanhol de quem eu cuidava na gestora *offshore*. O perfil dele era arrojado, mas ele insistia em ter mais de 80% do portfólio alocado em ações de incorporadoras espanholas que tiveram um *boom* em 2007; ele alegava que conhecia as companhias muito bem. Contrariando minha orientação, esse cliente decidiu fazer as ordens de compra diretamente com o banco e, em outubro de 2008, o portfólio de ações dele caiu 87,4%. Embora estivesse com 62 anos, esse portfólio nunca se recuperou por completo em função de boa parte das incorporadoras serem imobiliárias.

POUPAR PODE SER VISTO COMO PLANTAR SEMENTES – PODE DEMORAR MUITO, MAS O CRESCIMENTO TRARÁ UMA COLHEITA SUBSTANCIAL.

@DOVGILVANCI

03.
FAÇA O PLANEJAMENTO FINANCEIRO

"Os planos dos diligentes levam ao lucro tão seguramente quanto a pressa leva à pobreza." (Provérbios 21:5)

A situação financeira é extremamente importante para o povo judeu: um pobre não tem capacidade financeira de ajudar os necessitados e sua comunidade. Além disso, há que se ter em mente que o planejamento da aposentadoria envolve diversos fatores: como se manter ativo e que tipos de atividade são possíveis, qual a melhor opção de moradia, quais mudanças de hábito serão necessárias, quais as alternativas de lazer, entre outros. A lista de desejos é longa e, para que esses desejos se tornem realidade, o planejamento financeiro é crucial.

Ademais, ao fazer tal planejamento, há também a preocupação com eventual sucessão, e deve-se buscar:

- Proteger familiares mais vulneráveis, evitar conflitos e dilapidações do patrimônio (a definição dos beneficiários e seus quinhões pode visar à proteção de filhos menores, pais idosos, familiares com problemas graves de saúde e outras pessoas que possam demandar mais recursos financeiros na falta daquele indivíduo).
- Evitar potenciais conflitos familiares durante o inventário e proteger, mesmo que em parte, o patrimônio de dilapidações (por exemplo, por herdeiros dependentes químicos ou pródigos). O Código Civil prevê que, quando houver familiares próximos (her-

deiros necessários), ao menos 50% do patrimônio do indivíduo deverá ser destinado a eles. Quando houver essa limitação, a outra metade pode ser destinada a outras pessoas físicas ou jurídicas, assim como designada, de maneira desigual, entre os familiares.

O planejamento financeiro é um processo que permite desenvolver estratégias para ajudar pessoas na gestão de assuntos monetários, visando fazê-las alcançar seus objetivos de vida. Com a estabilização econômica, planejar em termos de médio e longo prazo começou a fazer parte da rotina, além de fazer orçamento doméstico, assegurar o futuro dos filhos, garantir recursos para uma aposentadoria tranquila e investir recursos adequadamente. Não obstante, o planejamento deve ser adaptado à medida que ocorrem alterações macroeconômicas (como inflação alta ou aumento substancial da taxa de juros) ou mudanças na vida pessoal ou familiar, contribuindo para que se atinjam esses objetivos.

Segundo a Associação Brasileira de Planejamento Financeiro (Planejar), o planejamento financeiro é um processo de formulação de estratégias para auxiliar as pessoas a gerenciar seus assuntos financeiros, visando atingir seus objetivos de vida.[20] O processo envolve a análise de todos os aspectos relevantes da situação do cliente em ampla gama de atividades de planejamento financeiro, incluindo inter-relações entre objetivos muitas vezes conflitantes.

De acordo com o Financial Planning Standards Board (FPSB), entidade que gerencia, divulga e controla a Certificação CFP nos países onde está presente, são seis os componentes de planejamen-

---

[20] O QUE é o planejamento financeiro? **Planejar**. Disponível em: https://planejar. org.br/planejamento-financeiro/. Acesso em: 12 jun. 2024.

to financeiro: gestão financeira, gestão de ativos e investimentos, planejamento da aposentadoria, gestão de riscos e seguros, aspectos tributários e sucessão patrimonial.[21] O planejamento financeiro é o primeiro passo nessa jornada, envolvendo:

a. **Identificar objetivos:** Quando isso está definido, você sabe aonde poderá chegar e quais os procedimentos necessários para tal. Esta etapa também o ajudará a economizar com itens que não trazem retorno a longo prazo, e você poderá fazer ajustes nos seus objetivos na medida em que seu planejamento começa a se concretizar.

b. **Avaliar a situação financeira:** Avalie seu patrimônio e as eventuais dívidas existentes. Pagar juros é como trabalhar de graça; é uma penalidade que se paga buscando se antecipar algum desejo consumista (como trocar de carro ou fazer aquela viagem ao exterior que pode esperar). Avalie também seus rendimentos e o peso mensal que cada desembolso (despesa/gasto) tem sobre tais rendimentos e quanto você poderá investir mensalmente. Esse investimento vai se ajustando ao longo do tempo, à medida que você aumentar o fluxo de caixa disponível.

c. **Definir quais procedimentos serão adotados:** Às vezes, a curto prazo, é preciso "cortar na carne" para ter algum recurso para investir. No entanto, a prioridade é pagar eventuais dívidas, livrando-se do pagamento de juros, e somente depois pensar em construir (i) reserva financeira e (ii) capital de longo prazo para

---

[21] PLANEJAR. **Perfil de competências do planejador financeiro**. 2023. Disponível em: https://planejar.org.br/wp-content/uploads/2021/03/perfil-de-competencias-1. pdf. Acesso em: 12 jun. 2024.

a aposentadoria. Faça uma lista analítica com todas as ações que você adotará e a data-limite para isso acontecer. Faça também uma planilha que demonstre mensalmente as entradas e saídas de dinheiro, comparando as despesas e verificando se estão aumentando ou reduzindo. A cultura judaica tem intrínseco que nunca investimos nem alocamos capital em ativos que perdem valor ao longo do tempo (em vez de comprar um carro, fazemos um *leasing*, por exemplo, que é um tipo de aluguel), e essa é uma premissa importante para você ter sempre em mente.

Embora o dinheiro em si não seja o fim, é o meio para se conseguir uma vida significativa, retribuindo a fartura financeira recebida do Eterno ao ajudar os pobres, doentes e necessitados e cumprindo nosso Propósito neste mundo. Tenha em mente o que diz Provérbios 21:5: "Os planos bem elaborados levam à fartura; mas o apressado sempre acaba na miséria".

Há que se lembrar de que, embora atuem rapidamente, os diligentes levam tempo para pensar e planejar seu melhor modo de ação com base em todas as possibilidades envolvidas. É parte da diligência a refletida maneira de obter-se eficiência na ação. Apesar de isso poder retardá-los, "os conduz à vantagem". A pessoa apressada, no entanto, age sem considerar a espera pelo momento oportuno e, por isso, ela falha. O entusiasmo é uma boa política de ação, mas não para pensar e planejar. Um período de espera, no qual as ideias amadureçam, é um bom investimento para iniciar qualquer projeto.[22]

---

[22] Rabino Meir Leibush ben Yehiel Michel Wisser, 1809-1879, mais conhecido como Malbim.

Depoimento de Ng Shin Ein, cofundadora, Gryphus Capital, Singapura[23]

Nasci em Singapura, e minha irmã mais nova e eu fomos criadas em uma família tradicional asiática. A geração dos meus avós tratava meninos e meninas de maneira bem diferente: os meninos eram preparados para assumir os negócios da família e, se só houvesse dinheiro para uma educação, seria a do filho. Felizmente, a geração de meus pais era mais progressista, e minha irmã e eu tivemos importantes oportunidades de aprender. Não recebemos educação formal em finanças, mas meu pai era um empresário que se dedicava muito ao investimento em valor a longo prazo.

Em vez de nos dar presentes ou dinheiro para nos recompensar por boas notas, ele nos dava ações. Fiz meu primeiro investimento aos 13 anos, em uma empresa listada em Singapura chamada Overseas Union Trust (agora fechada). Foi por procuração, pois meu pai possuía os certificados de ações, mas tomei a decisão sobre quando vender. Eu o segurei por cerca de um ano e meio e, em retrospecto, vendi muito cedo, porque o valor foi realizado quando eles privatizaram.

Para mim, investir não se limita a ter retorno. Envolve a emoção de descobrir um bom fundador e uma equipe com potencial. Negócios e investimentos trazem uma centelha extra à minha vida, que é o que eu mais amo. Meu melhor investimento foi em uma start-up com foco na China que se tornou um unicórnio: a Lalamove, empresa de logística *last mile* que opera em mais de oitenta cidades na China. Eu os apoiei desde o início, e hoje seu valor ultrapassou alguns bilhões de dólares.

O fundador da Lalamove, Shing Chow, veio de uma família pobre de Hong Kong, mas tinha uma tenacidade tremenda e

---

[23] STEWART, B. *op. cit.*

pensamento inovador. Ele largou a Bain depois da universidade para se tornar jogador de pôquer profissional e ganhou milhões em sete anos. Eu amava seu espírito e como ele era determinado! Você precisa se sentir entusiasmado com o negócio e os fundadores. Procuro empresas que sejam disruptivas e forneçam uma solução melhor para os problemas existentes.

Como esse princípio me afetou

A falta de planejamento financeiro é o caminho para o desastre, seja em uma empresa, seja na vida de alguém. A maioria das pessoas simplesmente não consegue esperar acumular recursos para comprar uma casa ou um carro à vista. Elas querem antecipar esses sonhos, mesmo que os juros de um financiamento custem o equivalente a dois ou três dos bens que desejam comprar.

Na minha experiência, o que me ajudou a ser bem-sucedido nas minhas finanças pessoais foi uma planilha de orçamento, na qual eu projetava todos os anos a minha renda e as minhas despesas. E, durante muito tempo, em vez de ter um carro, andava em uma moto usada. Com o que sobrava do meu orçamento, eu comprava mais ações, principalmente as do setor elétrico, que já pagavam dividendos razoáveis.

Como cresci em uma casa de chão batido e construída com pau a pique, minha prioridade número um ao sair da faculdade foi construir a casa dos meus pais. Somente depois pude comprar um carro e então uma casa – por insistência de minha esposa, que sempre afirmava que os filhos precisam "ter raiz". Se dependesse de mim, até hoje moraria de aluguel, uma vez que, com os recursos da casa aplicados em uma carteira de ações/dividendos, eu tenho conseguido historicamente um rendimento maior que o CDI, isento de imposto de renda. Com tais rendimentos, eu pagaria o aluguel de uma boa casa e ainda sobraria recursos para comprar mais ações.

DISCIPLINA, RESILIÊNCIA, CONSTÂNCIA E PACIÊNCIA: QUALIDADES INDISPENSÁVEIS PARA O SUCESSO FINANCEIRO

O rabino dr. Asher Meir, do Centro de Ética Empresarial de Jerusalém, ensina, no artigo "A supervisão financeira prudente é um ideal religioso",[24] que os sábios do Talmude deram muitos conselhos práticos úteis, juntamente com a motivação espiritual; e uma questão que eles discutem é o investimento. Um tema proeminente é a diversificação para lidar com o risco. Isso é perceptível quando o patriarca Jacó, ao ter que encontrar seu irmão Esaú e ao perceber que estava em perigo, dividiu sua família em dois campos. O rabino Chiya Rabba disse que a Torá ensina a conduta correta, que uma pessoa não deve colocar todo o seu dinheiro em uma única posição. De quem aprendemos isso? De Yaakov (Jacó), como é dito:

> *E ele dividiu o povo com ele, e os rebanhos e os rebanhos e os camelos em dois acampamentos, e ele disse: Se Esaú cair sobre um acampamento e feri-lo, o acampamento permanecerá escapará" (Gênesis 32:7-8).*

Um conselho ainda mais específico é encontrado na passagem talmúdica em que o rabino Yitzchak disse que uma pessoa deve sempre ter seu dinheiro à mão, como está escrito: "E amarre o dinheiro em sua mão" (Deuteronômio 14:25). E ensinou, ainda,

---

[24] MEIR, A. Jewish Ethicist: Talmudic Investment Advice. **AISH**. 2022. Disponível em: https://aish.com/88894267/. Acesso em: 12 jun. 2024.

que uma pessoa deve sempre dividir seu dinheiro em três: um terço em terras, um terço em comércio e um terço em mãos.

A terra é segura porque nunca perde todo o seu valor, mas o seu retorno também é baixo. O comércio tem o maior retorno, mas também apresenta maior risco. Por fim, algum dinheiro deve ser deixado líquido para exigências inesperadas.[25]

No entanto, fica claro pelos vários comentaristas que a ideia dos "três terços" não é uma regra rígida e rápida, mas uma aplicação do princípio geral para diversificar os investimentos considerando a segurança e o retorno a longo prazo, as necessidades e as oportunidades. Os rabinos não estavam no negócio de dar dicas de investimento, mas de colocar nossos assuntos monetários no contexto de um estilo de vida totalmente religioso. De modo mais específico, o investimento prudente faz parte de um ideal religioso mais amplo de temperança e prudência e, em geral, envolve uma abordagem de longo prazo para planejar nossa vida.

É proibido a uma pessoa renunciar ou dedicar todos os seus bens e, assim, tornar-se um fardo para os outros, nem deve vender um campo (um bem produtivo) e comprar uma casa (apenas para seu próprio benefício), ou vender sua casa (que é durável) e comprar bens móveis. Ele também não deve se envolver em comércio com o dinheiro de sua casa (arriscar sua casa em empreendimentos comerciais). O princípio geral é que uma pessoa deve ter como objetivo ter sucesso em sua propriedade e substituir o que é temporário pelo

---

[25] Rabino Shmuel Eidels (1555-1631), mais conhecido como Maharsha (autor do comentário sobre o Talmude Chiddushei Halachot do século XVII). Ele explica a lógica financeira desta divisão com base em princípios que hoje conhecemos.

que é durável, e sua intenção não deve ser ter prazer momentâneo nem se beneficiar um pouco agora e mais tarde perder muito.[26]

Como resultado de revelações após uma crise financeira, muitas pessoas perceberam que grande parte da chamada "indústria de investimentos" não estava realmente voltada para aumentar nossa qualidade de vida a longo prazo, mas, sim, para promover o tipo de comportamento que Maimônides condena: ganhar dinheiro rápido ou buscar gratificação imediata. Os rabinos não estavam interessados nos detalhes de nosso portfólio de investimentos, mas na abordagem geral da vida que se reflete nele.

Lembremos Eclesiastes 9:11:

> *Retornei para ver debaixo do sol que a corrida não é dos ligeiros; nem a batalha, dos poderosos; nem tampouco são os sábios os que têm alimento; nem tampouco são os entendidos os que têm riquezas; nem mesmo os que têm conhecimento têm o favor. Por quê? Ele explicou: 'Porque o tempo e o imprevisto sobrevêm a todos eles'.*

Existem três maneiras pelas quais nossos objetivos podem ser alcançados: por meio do esforço empreendedor, por meio de sabedoria e conhecimento ou por meio de meios naturais, isto é, qualidades inatas. No trecho de Eclesiastes, o fragmento "a corrida não é dos ligeiros; nem a batalha, dos poderosos" refere-se a esse último caso. "Nem tampouco são os sábios os que têm alimento" refere-se àqueles que possuem sabedoria. "Nem tampouco são

---

[26] Rabino Moises ben Maimom, 1138-1204, mais conhecido como Maimônides.

os entendidos os que têm riquezas" refere-se ao entendimento (biná), que é a capacidade de extrair um conhecimento de outro.

Já o trecho "nem mesmo os que têm conhecimento têm o favor" refere-se ao conhecimento de nível mais profundo. O "favor" alude ao favor aos olhos de D'us, uma vez que aqueles que chegaram a esse nível cumpriram todos os objetivos. Para os que buscam a perfeição em seus diversos níveis, Salomão adverte no mesmo versículo que "a corrida não é dos ligeiros", isto é, não adianta confiar em suas qualidades inatas, pois o conhecimento demanda esforço e empenho, a serem aplicados durante longo período.

Aquele que acha que deve primeiro ganhar dinheiro, satisfazer ambições mesquinhas e mundanas, para depois dedicar-se a ganhar conhecimento e sabedoria, poderá não dispor do tempo para isso quando achar que o possui. "Nem a batalha [é ganha pelos] poderosos"; aqui Salomão refere-se à luta a ser empreendida contra a má inclinação. Deixando para o final da vida a tarefa de ganhar sabedoria e conhecimento, o indivíduo poderá ter de defrontar-se com a má inclinação, que foi acalentada durante tempo demasiadamente longo e nunca foi contestada, e agora ganhou força invencível. E assim "nem tampouco são os sábios os que têm alimento, nem tampouco são os entendidos os que têm riquezas", isto é, aqueles que sonharam ganhar a sabedoria e um alto nível de inteligência não as terão; nem os que pensaram alcançar o conhecimento superior ("favor para o instruído"), porque resolveram deixar isso para mais tarde. Todos serão frustrados, já que "o tempo e o imprevisto sobrevêm a todos eles'".

A alegria e o prazer neste mundo são efêmeros. Não é sempre que o excepcional talento de um homem lhe garante o sucesso. O veloz algumas vezes perde a corrida, e o forte algumas vezes é derrotado.[27]

---

[27] Rabino Abraham ibn Meir ibn Esdras, 1092-1167, mais conhecido como Ibn Esdras.

"Nem tampouco são os sábios os que têm alimento" – com este trecho, pode-se pensar que os sábios governarão os tolos, mas geralmente é o contrário que se verifica. Ser sábio não dá a menor garantia de ganhar o pão. O conhecimento nem sempre faz alguém ganhar a aclamação de seus pares ou o respeito do governo.[28]

Portanto, seja sempre resiliente para manter a estratégia nas crises econômicas, disciplinado para investir mensalmente e paciente para aguardar o longo prazo, tendo em mente que imprevistos e volatilidade fazem parte da jornada do investidor.

Barsi e Parisotto: o segredo dos dois maiores investidores da bolsa[29]

Com mais de cinquenta anos de experiência no mercado financeiro cada um, Luiz Barsi Filho, 83 anos, e Lírio Parisotto, 68, estão na lista dos maiores investidores da bolsa brasileira. Parisotto tem uma fortuna estimada em 11 bilhões de reais, e Barsi, de cerca de 4 bilhões de reais.

Ambos têm um perfil parecido quando se trata de investimento no mercado. Seguem a estratégia *buy and hold*, que define quem compra uma ação e a mantém na carteira por muito tempo, e buscam investir em empresas que apresentam resultados sólidos e são boas pagadoras de dividendos.

Os bilionários alertaram para a ansiedade típica do investidor pessoa física em ficar rico "do dia para a noite" por meio

---

[28] Rabino David Altschuler de Praga, 1687-1769, mais conhecido como Metsudat David.

[29] MAMONA, K. Barsi e Parisotto: o segredo dos dois maiores investidores da bolsa. **Exame**, 29 abr. 2022. Disponível em: https://exame.com/invest/onde-investir/barsi-e-parisotto-o-segredo-dos-dois-maiores-investidores-da-bolsa/. Acesso em: 12 jun. 2024.

A ALEGRIA E O PRAZER NESTE MUNDO SÃO EFÊMEROS. NÃO É SEMPRE QUE O EXCEPCIONAL TALENTO DE UM HOMEM LHE GARANTE O SUCESSO.

@DOVGILVANCI

da negociação em ações. "Não existe hora certa de entrar na bolsa. O segredo é manter a constância. Quem investe de forma constante irá pegar o mercado quando tiver bem e quando não estiver. Acertar na mosca é impossível", afirmou Parisotto.

Parisotto criticou ainda a postura daquele investidor brasileiro que está sempre trocando de investimento na bolsa. Segundo ele, a troca de papéis não é benéfica ao investidor e é vantajosa apenas para a B3 e para as corretoras.

"O Ibovespa negocia em torno de 30 bilhões de reais por dia. Em vinte dias úteis em um mês, a bolsa negocia 600 bilhões de reais. Em dois meses, 1,2 trilhão. O mercado inteiro vale 4 trilhões de reais, e 30% equivalem a cerca de 1,2 trilhão, que é o *free float* das empresas. O investimento no Brasil é inferior aos dois meses. Então, quem é que sempre ganha? A B3, que sempre tem taxas, e as corretoras. Infelizmente, a cada sessenta dias, em média, todas as ações trocam de mão. Você não pode ser feliz com esta necessidade de trocar de posição", argumentou.

Para Barsi, o comportamento médio do brasileiro ao investir na bolsa de valores é reflexo de uma cultura incentivada ao longo de anos. De acordo com o bilionário, o brasileiro é "um agiota" por excelência. Isso significa, em sua visão, que ele foi incentivado durante anos a emprestar dinheiro, primeiro por meio de aplicações na caderneta de poupança e, agora, por meio dos investimentos em ações.

"Venho sugerindo mecanismos que possam redirecionar a poupança para a geração de riqueza. Quando você faz isso, haverá geração de empregos e de riqueza para o país."

Barsi defendeu que haja uma mudança de postura, para que o investidor tenha em mente a busca por empresas sólidas e perenes. "O segredo é um só: invista em boas empresas. Direcione os seus recursos para empresas que paguem bons dividendos. Com a visão de ser um parceiro da empresa."

Em relação à sua carteira de investimentos, Parisotto afirmou que investe no máximo em doze ações. "Eu falo em doze ações, porque não tenho personalidade para investir em uma só. Me falta personalidade", brincou. A estratégia de ser focada em poucas ações acontece porque, segundo ele, no decorrer do ano, o bom desempenho da carteira vem de duas ou três empresas no máximo. "Elas carregam o resultado da carteira."

Ele disse ainda que não existe "dica quente do mercado" e que o trabalho deve ser do investidor, que deve saber avaliar o cenário e, principalmente, o balanço das companhias.

Para quem está pensando em começar a investir, a orientação do bilionário foi "escolher duas companhias elétricas, siderúrgicas, setor de petróleo, mineradora e bancos: Taesa (TAEE11), Copel (CPLE6) e Gerdau (GGBR4). São excelentes empresas". Parisotto chamou a atenção ainda para a Vale (VALE3) e a Petrobras (PETR4), que distribuíram, juntas, 160 bilhões de reais em dividendos no ano passado. "São empresas com histórico e solidez. Empresas para casar."

Barsi reforçou, assim como Parisotto, que prefere a concentração de papéis em um portfólio em vez da diversificação. E que sua estratégia foi sempre reinvestir os dividendos ao longo do ano. Por fim, ele disse que segue analisando novos projetos no mercado. Durante a live, destacou duas companhias, a Auren Energia (AURE3), ex-Cesp, e a Vibra Energia (VBBR3).

Como esse princípio me afetou

O que fez grande diferença na minha trajetória como investidor foi a disciplina para não realizar lucros da carteira de ações simplesmente porque tinham subido 500%. Além disso, também tiveram forte impacto a resiliência para não vender tais ações, mesmo quando o prejuízo contábil acumulado era superior a 80%; a constância de continuar investindo mesmo com um mercado em baixa; e a paciência para esperar a recuperação de algumas empresas por oito, dez, até catorze anos!

Em maio de 2008, eu vi minha carteira de ações ultrapassar 115 vezes o capital investido em dólar e, em outubro de 2008, vi a mesma carteira derreter 47,3%, para em 2009 subir 85,28%! Com um solavanco desses, quem fica mirando apenas patrimônio corre um sério risco de vender as ações no momento de forte baixa. Ao longo do tempo, usei a estratégia de mirar no percentual de dividendos que as ações da carteira pagaram em dividendos, em vez de ficar preocupado se a carteira subiu 50% ou caiu 60%. E sempre mantenho uma parte do portfólio global (investido no Brasil, nos Estados Unidos, na Europa e na Ásia) em aplicações de alta liquidez para utilização em momentos de forte estresse nos mercados. É possível usar a mesma estratégia no Brasil.

04.
OS FATORES DE ANÁLISE QUE IMPACTAM SEUS INVESTIMENTOS: RISCO, LIQUIDEZ E RENTABILIDADE

"Esforce-se para saber bem como suas ovelhas estão, dê cuidadosa atenção aos seus rebanhos, pois as riquezas não duram para sempre, e nada garante que a coroa passe de uma geração a outra." (Provérbios 27:23-24)

Os investimentos devem ser sempre analisados considerando os riscos, a liquidez e a rentabilidade esperada, e essa análise deve ser convergente com seu perfil de investidor (conservador, moderado ou arrojado). Obviamente, em um portfólio em que o investidor esteja mais preocupado com a disponibilidade dos recursos para seu resgate, ele saberá que a rentabilidade potencial poderá ser bem menor do que outro cuja liquidez tenha prazo maior. A seguir, trago conceitos importantes sobre o tópico:

- **Risco:** Todos os investimentos no mercado financeiro apresentam riscos, uns maiores (renda variável), outros menores (renda fixa), e tal risco (seja maior, seja menor) está diretamente ligado à rentabilidade esperada. Pode haver riscos de crédito, mercado e liquidez.
- **Liquidez:** A liquidez de um investimento é a capacidade de converter o capital alocado em caixa disponível para resgate a qualquer tempo, a um preço justo. Será maior quando houver mais compradores para aquele ativo. Imóveis têm baixa liquidez,

enquanto um título público federal com rentabilidade atrelada à Selic tem liquidez mais elevada.

- **Rentabilidade:** Dos três pilares da análise de investimento, a rentabilidade é o mais atraente para o investidor. No entanto, pode apresentar uma armadilha, sobretudo porque há uma crença de que a rentabilidade performada no passado vai continuar acontecendo, e ela raramente se repete, ainda mais na classe de ativos com maior risco, como as ações. Faz-se necessária a distinção de rentabilidade passada (observada) da rentabilidade futura (esperada), e é preciso conhecer também o conceito de rentabilidade bruta e líquida.

- **Gerenciamento de risco:** O risco não pode ser evitado, mas deve, sim, ser gerenciado por meio da aquisição de ativos de emissores com solidez reconhecida, com boa classificação de risco de crédito (*rating*), dando preferência a aplicações protegidas pelo FGC e observando os limites de garantia e diversificação dos investimentos, para não concentrar o risco em um único emissor.

FINANÇAS COMPORTAMENTAIS

Em um mercado eficiente, deveria ser usual que investidores comprassem os ativos em queda e esperassem para vender quando eles estivessem em alta. No entanto, em se tratando de investidor iniciante ou não profissional, o que ocorre no mercado é o oposto: ele vende sua posição em momentos de forte estresse do mercado diante de uma crise e acaba tendo prejuízos. Se tivesse a tranquilidade para esperar a turbulência passar, esse prejuízo poderia ser evitado.

O efeito emocional decorre do que é conhecido como efeito manada: uma grande parte dos investidores vende os ativos em momentos de forte volatilidade, e as finanças comportamentais auxiliam no entendimento desse tipo de conduta "suicida". Diante de inúmeros fatores que influenciam de diversas maneiras o comportamento econômico e financeiro das pessoas, foi desenvolvida a série de publicações educacionais "CVM Comportamental", para alertar o cidadão sobre os erros sistemáticos mais comuns que podem ser cometidos em razão das heurísticas empregadas ou de outros fatores estudados pelas ciências comportamentais.

O volume 1 da série, *Vieses do investidor*,[30] aborda a cautela de evitar os efeitos dessas tendências, preservando-se dos erros de percepção, avaliação e julgamento que fogem da racionalidade. Reproduzo a seguir os principais vieses que afetam as decisões de investimentos, extraídos do material referido, para você conhecer os principais direcionamentos que impactam as decisões relativas a investimentos.

Conteúdo extraído de *Vieses do investidor*

1. Ancoragem

O viés da ancoragem (*anchoring*) faz com que a exposição prévia a uma informação nos leve a considerá-la fortemente na tomada de decisões ou na formulação de estimativas, não importa sua relevância para o que é decidido ou estimado. Um dos principais motivos para isso é que a mente tende a avaliar de modo ineficiente as magnitudes absolutas, precisando sempre de um ponto de referência para basear estimativas e julgamentos. Para evitar o viés da ancoragem, é recomendável que o investidor:

---

[30] COMISSÃO DE VALORES MOBILIÁRIOS (CVM). *op. cit.*

O RISCO NÃO PODE SER EVITADO, MAS DEVE, SIM, SER GERENCIADO.

@DOVGILVANCI

- Preste especial atenção a valores tomados como referência e verifique se eles têm fundamento sólido ou se são arbitrários, utilizados simplesmente como âncoras.
- Mantenha-se atualizado quanto aos valores tomados como base de comparação, como as taxas de câmbio, inflação, CDI, entre outras, a fim de evitar basear sua decisão em indicadores que não se aplicam ao cenário atual.
- Questione suas premissas, certificando-se de que sejam realmente relevantes para a tomada de decisões e de que não sejam utilizadas apenas para suprir uma possível lacuna de informação.
- Evite tomar decisões financeiras por impulso e sem informações suficientes, uma vez que, na falta de base racional, sua mente vai apelar para o que estiver mais facilmente à disposição, porém nem sempre a seu favor.

2. Aversão à perda

A aversão à perda (*loss aversion*) é um viés que nos faz atribuir maior importância às perdas do que aos ganhos, e isso nos induz frequentemente a correr mais riscos no intuito de tentar reparar eventuais prejuízos. Alguns estudos sugerem que isso se dá porque, do ponto de vista psicológico, a dor da perda é sentida com muito mais intensidade do que o prazer com o ganho. Essa assimetria nos modos como perdas e ganhos são sentidos nos leva também ao medo de desperdiçar boas oportunidades de investimento, deixando-nos expostos a possíveis armadilhas disfarçadas de "oportunidades imperdíveis". A fim de evitar o viés da aversão à perda, é recomendável que o investidor:

- Reavalie periodicamente seu portfólio. Para isso, imagine que seus investimentos tenham sido transformados em dinheiro e se pergunte em qual deles você investiria novamente sob as condições atuais.

- Dependendo da resposta, pode ser o caso de liquidar alguma posição, mesmo que implique em perceber as perdas e partir para alternativas mais promissoras, a fim de recuperar eventuais prejuízos.
- Evite conferir cotações com frequência excessiva, especialmente de investimentos de longo prazo, pois isso aumenta o grau de ansiedade e pode gerar uma falsa necessidade de tomar decisões a cada consulta.
- Estabeleça uma estratégia de investimentos e tente manter-se nela, definindo os limites aceitáveis para prejuízos. Focar o processo, em vez de se preocupar com o que está acontecendo no momento, diminui a possibilidade de tomar decisões precipitadas nos momentos em que notícias ruins estejam provocando pânico no mercado.
- Diversifique seus investimentos, pois as aplicações lucrativas podem oferecer alívio para o sentimento de perda provocado por aquelas que derem prejuízo.
- Evite tomar decisões financeiras sob pressão e desconfie de discursos do tipo "Se não decidir agora, perderá uma oportunidade única".

3. Efeito de enquadramento

O efeito de enquadramento (*framing*) é o viés que descreve como a tomada de decisões pode ser afetada pela maneira como o problema é formulado ou pelo modo como as opções são apresentadas (enquadradas). Estudos famosos têm mostrado que as pessoas tendem a ser avessas ao risco quando se trata de ganhos ("mais vale um pássaro na mão que dois voando") e são propensas a correr riscos a fim de evitar ou compensar perdas (como "fazer preço médio" ou manter uma posição perdedora).

Tais ganhos e perdas podem ser apresentados ao tomador de decisões de maneiras diferentes, gerando esse viés. Supondo que você tivesse de tomar as duas decisões relacionadas a seguir, quais alternativas escolheria?

Decisão 1

a. Ganho certo de 240 reais.

b. 25% de chance de ganhar mil reais e 75% de chance de não ganhar nada.

Decisão 2

a. Perda certa de 750 reais.

b. 75% de chance de perder mil reais e 25% de chance de não perder nada.

Quando confrontadas com as decisões citadas, a maioria das pessoas prefere a alternativa "a" na decisão 1 e a alternativa "b" na decisão 2. Ou seja, elas tendem a ser avessas ao risco no campo dos ganhos, mas atraídas pelo risco no âmbito das perdas. Para evitar o efeito de enquadramento, é recomendável que o investidor:

- Questione as suposições embutidas nas recomendações de investimento e procure uma segunda opinião (por exemplo, ouvindo as objeções de quem sugere uma aplicação diferente).
- Analise com cautela as ofertas que ressaltam apenas as possibilidades de ganho, minimizando as de perda, e tente descobrir o que deixou de ser mencionado.

- Procure ter uma visão global do investimento e avalie não só a rentabilidade, mas também os custos e os riscos envolvidos, como taxas de custódia e corretagem, impostos, carências, penalidades para resgate antecipado etc.

4. Falácia do jogador

A falácia do jogador (*gambler's fallacy*), também conhecida como falácia do apostador ou falácia de Monte Carlo, é o viés que se origina de uma falha em compreender a noção de independência estatística e que nos faz "calcular" a probabilidade de um acontecimento com base na quantidade de vezes que ele ocorreu. Em um jogo de "cara ou coroa", por exemplo, esse viés leva uma pessoa a acreditar que o fato de ter ocorrido "cara" muitas vezes seguidas torna maior do que 50% a probabilidade de sair "coroa" no próximo lançamento.

Após uma série de valorizações seguidas de um mesmo papel, algumas pessoas começam a sentir uma ansiedade que as impele a vender suas ações, por terem a sensação de que entrará em cena algum mecanismo de correção capaz de fazê-las cair em breve, sem que haja uma explicação racional para tal queda. Por outro lado, há investidores que decidem manter em carteira ativos cujo valor vêm caindo seguidamente, sem se preocupar em compreender o motivo da desvalorização, simplesmente por acreditarem que algum processo aleatório fará o preço do ativo se desviar na direção oposta, passando a se valorizar.

5. Viés de confirmação

O viés de confirmação (*confirmation bias*) descreve a tendência das pessoas de interpretar informações de modo a confirmar as próprias convicções. Ou seja, se confrontarmos aquilo que já sabemos com um conhecimento novo, as nossas crenças e certezas têm um peso maior.

Além disso, esse viés se refere também à tendência da mente humana de ignorar informações que contradigam suas crenças. Trabalhar, ao mesmo tempo, com interpretações incompatíveis entre si exige esforço mental. Por isso, quando a mente se depara com informações antagônicas, tende a rejeitar uma das alternativas sem que nem sequer tenhamos consciência disso, no intuito de suprimir a ambiguidade. O problema com esse viés é que, ao pesquisar oportunidades de investimento, a pessoa acaba, inadvertidamente, procurando por informações que apoiem suas crenças iniciais, a ponto de ignorar ou atribuir menor peso às informações que as contradizem. O resultado é uma visão parcial da situação que provoca decisões equivocadas, seja na seleção do investimento, seja no *timing* para comprar/vender um papel ou entrar/sair de uma aplicação.

6. Lacunas de empatia quente-frio

O viés conhecido como lacunas de empatia quente-frio (*hot-cold empathy gaps*) diz respeito ao fato de que nossa capacidade de interpretar os acontecimentos é profundamente dependente de nosso estado emocional. Em outras palavras, quando estamos em determinado estado, temos dificuldade de nos colocar no lugar de quem está em um estado diferente, incluindo nós mesmos. Por exemplo, quando estamos alegres, não nos lembramos do que sentimos quando estamos tristes, nem sentimos a tristeza de outros indivíduos. Esse viés faz com que as pessoas subestimem a influência do próprio estado emocional no momento de tomar decisões, levando-as a se arrependerem de determinadas escolhas feitas no calor da emoção. As expressões "quente" e "frio" são relativas à intensidade das emoções, sendo o estado quente mais intenso do que o frio. A fim de evitar o viés da lacuna de empatia, é aconselhável que o investidor:

- Programe operações para acontecerem de maneira automática, como aplicações e resgates, no caso de fundos, e as ordens do tipo *stop gain* e *stop loss*, no caso de ações, a fim de garantir que a operação siga critérios preestabelecidos.

- Estabeleça prazos de carência (48 horas, por exemplo) ou inclua propositalmente algum trâmite burocrático (como a assinatura de um documento), para que determinada decisão de investimento tenha efeito, de modo a garantir que ela seja tomada em estado frio.

- Converse com alguém de confiança ou registre seu raciocínio (anotando ou gravando) antes de tomar qualquer decisão de investir, voltando ao registro depois de certo tempo, a fim de tomá-la em estado frio.

- Adie as decisões financeiras em momentos de crise ou de forte impacto emocional, para proteger seus investimentos dos efeitos nocivos de tais situações.

7. Autoconfiança excessiva

O viés da autoconfiança excessiva (*overconfidence*) leva a pessoa a confiar demasiadamente nos próprios conhecimentos e opiniões, além de superestimar sua contribuição pessoal para a tomada de decisões, uma vez que tende a acreditar que sempre está certa em suas escolhas e atribui seus eventuais erros a fatores externos. Esse viés deriva, entre outros motivos, de acreditarmos que a informação em nosso poder é suficiente para a tomada de decisões, que somos mais hábeis em controlar os eventos e riscos do que realmente somos ou, ainda, que temos capacidade de análise acima da média em relação à dos outros agentes do mercado.

O viés da autoconfiança excessiva tem relação estreita com o viés de confirmação, segundo o qual a pessoa dá mais valor àquilo que confirma suas ideias do que ao que as contraria; isso alimenta sua autoconfiança, tornando-a incapaz de medir o grau do próprio desconhecimento.

Como complemento, recomendo a leitura do livro *Planejamento financeiro pessoal*,[31] da Série TOP, editado e distribuído gratuitamente pela CVM.

Depoimento de Susan Dziubinski, diretora de conteúdo, Morningstar.com[32]

Comecei no setor como analista de fundos fechados na Morningstar no início dos anos 1990. Senti-me feliz quando a Templeton Emerging Markets estava na minha lista de cobertura; naquela época, o gerente Mark Mobius era o rei dos investimentos em mercados emergentes.

---

[31] PLANEJAMENTO financeiro pessoal. **Associação Brasileira de planejadores financeiros (PLANEJAR); Comissão de Valores Mobiliários (CVM).** Rio de Janeiro: CVM, 2019. Disponível em: www.gov.br/investidor/pt-br/educacional/publicacoes-educacionais/livros-cvm/livro_top_planejamento_financeiro_pessoal.pdf/view. Acesso em: 13 jun. 2024.

[32] SALDANHA, R. Investment Horror Stories – And the Lessons They Teach. **Morningstar**, 27 out. 2021. Disponível em: www.morningstar.com/portfolios/investment-horror-stories-and-lessons-they-teach. Acesso em: 13 jun. 2024.

Eu entrava em contato com ele, não importava onde ele estivesse, e pedia atualizações sobre as participações do fundo. Na maioria das vezes, ele estava de pijama na cozinha de casa, já que geralmente eram 2h da manhã, em algum canto distante do mundo. Mobius foi excepcionalmente articulado: vendeu a história dos mercados emergentes com força. Quem poderia resistir à ideia de participar da promessa econômica dos mercados em desenvolvimento? E eu comprei: sendo mais específica, comprei o primo aberto da Mobius, a Templeton Developing Markets, como o primeiro investimento fora do meu plano 401(k). Eu estava entusiasmada por ter o Mark Mobius como administrador do meu dinheiro e mal podia esperar que ele gerasse um retorno de 70% para mim, assim como ele havia gerado para seus acionistas nos doze meses anteriores à minha compra.

Você pode adivinhar para onde essa história está indo: nos dois anos seguintes, os mercados emergentes enfrentaram um buraco, assim como a Templeton Developing Markets. Vendi o fundo com prejuízo. Embora possa ser um exagero considerar esse caso como uma história de horror sobre investimentos, foi uma lição significativa: não persiga o desempenho, não espere retorno rápido em uma história que pode levar anos para se desenrolar e não deixe que conversas com grandes gerentes falem mais alto do que um bom planejamento de investimentos.

Christine Benz, diretora de finanças pessoais, Morningstar[33]

O ano era 1993, e por acaso vi Mark Mobius, então gerente de vários fundos de mercados emergentes da Templeton, falar da incrível

---

[33] *Ibidem.*

promessa que via nesses mercados. Eu fui fisgada – anzol, linha e chumbada – e convenci meu marido de que deveríamos investir pelo menos parte do dinheiro do presente de casamento em um desses fundos. Não importava que estivéssemos tentando economizar para comprar uma casa, razão pela qual não deveríamos nem pensar em investir em ações, muito menos em um fundo de ações de mercados emergentes incrivelmente volátil. O fundo também era caro e cobrava uma taxa de vendas, mesmo para pessoas como nós, que não trabalhavam com um consultor. Foi um caso clássico de uma compra mal concebida, baseada em uma história, feita sem levar em consideração nossa capacidade de risco ou nosso horizonte de gastos. Tivemos sorte de não ter mais dinheiro em jogo!

Como esse princípio me afetou

Ignorar riscos, liquidez e rentabilidade dos investimentos pode significar fortes prejuízos para o portfólio. É comum o investidor ficar tentado a fazer grandes alocações em títulos de renda fixa oriundos de alguns emissores que pagam até 200% do CDI, mesmo sabendo que não existe nada de graça.

Quando você compara um "CDB de um dos cinco maiores bancos brasileiros que pagam em torno de 95% do CDI para vencimento em um ano" com um "CDB de banco pequeno que paga 135% do CDI para o mesmo período", é obvio que há um risco de liquidez e crédito muito maior.

Isso me lembra de um caso de um cliente que, contrariando minha orientação, decidiu resgatar o que tinha alocado em papéis de renda fixa do Banco Safra para alocar, em junho de 2012, em CDBs do Banco BVA, porque este pagava em torno de 135% do CDI. Embora eu tivesse investimentos nos mesmos papéis, achei incomum o banco divulgar que atrasaria a publicação das demonstrações financeiras. Imediatamente, resgatei meus recursos e orientei os clientes que tivessem exposição a esse banco que fizessem o mesmo.

Mas esse cliente, convencido pelos executivos do banco, manteve os recursos lá – que totalizavam alguns milhões de reais. No início de outubro de 2012, o banco foi liquidado pelo Banco Central, e esse cliente recebeu apenas 70 mil reais, que na época era o limite do FGC.

IGNORAR RISCOS, LIQUIDEZ E RENTABILIDADE DOS INVESTIMENTOS PODE SIGNIFICAR FORTES PREJUÍZOS PARA O PORTFÓLIO.

@DOVGILVANCI

05.
A ECONOMIA É CÍCLICA

"Observe a formiga, preguiçoso, reflita nos caminhos dela e seja sábio! Ela não tem nem chefe, nem supervisor, nem governante, e ainda assim armazena as suas provisões no verão e na época da colheita ajunta o seu alimento."
(Provérbios 6:6-8)

A economia é cíclica. Há tempos de expansão, mas há tempos de contração, e você deverá manter sua estratégia inalterada, investindo mais quando há mais caixa disponível. Esse ciclo da economia pode ser caracterizado por alta inflação, desemprego e valorização do dólar, abrangendo situações nas quais alguns setores crescem enquanto outros despencam. É compreensível que seja difícil manter a calma, especialmente quando o dinheiro acaba antes do fim do mês. No entanto, é importante ter em mente que a economia passa por diversas fases que se repetem.

Ao longo da história dos sistemas econômicos, desde o Antigo Egito e o feudalismo europeu até o atual capitalismo, podemos identificar quatro fases principais: declínio, crise financeira, recuperação e estabilidade.

A fase de declínio ocorre quando uma economia que estava em um período de estabilidade começa a apresentar sinais de problemas. Um exemplo disso foi o ano de 2020, com a covid-19: os estabelecimentos comerciais viram suas vendas despencarem e o consumo em geral diminuiu drasticamente, resultando em mais desemprego.

Após o declínio, a crise se instala, mesmo que o governo tome medidas para tentar contê-la. Muitas vezes ela é inevitável. Um exemplo histórico disso foi o que houve na Alemanha após o fim da Primeira Guerra Mundial, quando o país sofreu com os impactos do conflito e as sanções impostas pelo Tratado de Versalhes. A produção industrial alemã caiu 57%, o setor agrícola recuou 50% e a inflação atingiu níveis elevados.

No entanto, a história também mostra que as crises costumam ser seguidas por períodos de recuperação. Um dos momentos mais tensos do sistema capitalista aconteceu em 1929, quando a quebra da bolsa de Nova York, provocou uma crise econômica devastadora. Contudo, com a implementação do New Deal, a economia dos Estados Unidos se recuperou.

Após a recuperação, vem a fase de estabilidade, como ocorreu no Brasil em 2016, época na qual a mudança na política econômica após o impeachment da presidente Dilma Rousseff trouxe um período de crescimento e estabilidade, interrompido posteriormente pela pandemia.

Cada uma dessas fases tem duração variável, dependendo do cenário e da gestão governamental de cada país. No Brasil, infelizmente, os períodos de crescimento e estabilidade são curtos em comparação com os períodos de declínio e crise, refletindo problemas de gestão enfrentados ao longo da história econômica do país.

No entanto, é importante entender que, apesar das crises atuais, haverá um período de recuperação. Portanto, é essencial aproveitar as fases de crescimento e estabilidade para se proteger de crises futuras, tomando atitudes como a criação de uma reserva financeira.

Nessa montanha-russa da economia, o ser humano vive como um microcosmo: uma concentração de todas as energias e virtudes do universo. Além disso, todas as energias e faculdades encontradas nas várias espécies são planejadas para o bem do ser humano, além de este ter sua função natural de ajudar aquelas espécies a sobreviverem, para despertar energias equivalentes em seu próprio ser.

O mundo natural é o livro didático básico para o homem.[34] Se a Torá não tivesse nenhuma revelação para nos dar, o ser humano poderia cumprir seu potencial moral simplesmente estudando o mundo em torno dele. Mesmo a minúscula formiga pode ser uma mestra de diligência: ela acumula milhares de sementes, muito além de suas próprias necessidades. Isso funciona como uma lição ao homem que, com diligência, pode-se acumular sabedoria.

Assim, a formiga fornece uma lição de previdência e diligência. Ela despende a época da colheita, quando o grão se espalha ao redor, em juntar para o inverno. Depois disso, no verão, quando não há mais nenhum grão a ser obtido, ela organiza seu estoque, arrumando-o em boa ordem e segurança para consumo no inverno. A moral é clara: o ser humano deve despender sua juventude acumulando a sabedoria da Torá, uma reserva para sustentá-lo na velhice. O próximo estágio é a análise completa e a compreensão do que foi estudado, de modo que ele terá alimento para sua alma enquanto viver.

Da mesma forma, tendo essa sabedoria, ele aproveitará os ciclos de crise econômica para acumular patrimônio. Fará isso ao comprar ações de empresas que tenham excelentes fundamentos econômico--financeiros, mas que, por um efeito manada que trouxe pânico aos

---

[34] Rabino Meir Leibush ben Yehiel Michel Wisser, 1809-1879, mais conhecido como Malbim.

investidores, tiveram fortes quedas, porém seus resultados não foram afetados tão drasticamente.

Escrevi isso para mostrar que as pessoas comuns podem ser seus próprios gerentes de portfólio e gerenciar os próprios portfólios de investimentos para alcançar a independência financeira, atingir metas ligadas às finanças e acumular riqueza. Aqui, conto a história de sucesso de investimento de uma mulher que fez exatamente isso. Ela conseguiu, e você também pode.

Considere o notável caso de Anne Scheiber.[35] Ela representa não apenas os excelentes retornos que podem ser obtidos por meio de uma habilidosa e consistente estratégia de comprar e manter, mas também a coragem de voltar ao jogo depois de perder tudo.

No auge da depressão, quando já tinha 38 anos e ganhava pouco mais de 3 mil dólares por ano, Anne Scheiber investiu a maior parte de suas economias em ações. Ela confiou o dinheiro ao caçula de seus quatro irmãos, Bernard, que começou aos 22 anos como corretor de Wall Street. Ele se saiu bem ao escolher títulos para ela enquanto o mercado subia em 1933 e 1934. Mas sua empresa não o fez: faliu repentinamente, e Anne perdeu todo o seu dinheiro. Talvez você pense que ela tenha se voltado contra a ideia de investir. Mas Anne não fez isso, nem por um minuto. Ela voltou a se dedicar a seu regime de poupança e investimento com tanta gana que isso consumiu sua vida, ao mesmo tempo que a recompensou com uma riqueza surpreendente.

---

[35] THOMASON, W. E. Investment Success Story: How One Woman Turned $5,000 into $22 million. **Gotothings**. 2024. Disponível em: www.gotothings.com/shares/investment-success-story.htm. Acesso em: 27 jun. 2024.

Embora nunca tenha se casado, ela tinha um amor: investir. Em 1944, dez anos após sua grande perda, ela começou do zero com uma conta de 5 mil dólares na Merrill Lynch Pierce Fenner & Beane e lentamente construiu o pé-de-meia, até atingir 22 milhões de dólares quando morreu em 1995 (se ela simplesmente tivesse espelhado o S&P 500, teria ganhado 12,4% ao ano). Poucos investidores, incluindo alguns dos mais conhecidos profissionais de investimentos de nosso tempo, igualaram seu recorde.

O retorno dela chegou a 22,1% ao ano, acima do desempenho do venerável John Neff (13,9%), da Vanguard, melhor do que o pioneiro analista de valores mobiliários Benjamin Graham (17,4%) e logo abaixo de Warren Buffett (22,7%) e Peter Lynch (29,2%), do Fidelity Magellan.

Além do mais, o estilo básico de investimento comprovado de Anne pode ser facilmente adotado por qualquer pequeno investidor. Baseia-se mais na dedicação do que em análises financeiras deslumbrantes, na fé nas grandes empresas e na compra do que você entende em seu círculo de competência, mais do que no talento para a escolha presciente de ações, e na paciência, mais do que na busca de lucros imediatos.

Dado o desempenho de Anne, não é absurdo pensar que pessoas de 25 anos com 5 mil dólares hoje, que seguem seu exemplo, podem acumular uma carteira multimilionária aos 50 anos. Ter todo o dinheiro de que precisassem, mais o conforto de saber que poderiam repassar seus milhões como bem entendessem – essa é a verdadeira independência financeira.

No caso de Anne, porque ela estava afastada de sua família, seu testamento de 1995 deixou apenas 50 mil dólares para um de seus nove parentes: uma sobrinha que a visitava de tempos em tempos.

Praticamente todos os seus 22 milhões foram para a Universidade Yeshiva, de Nova York, embora ela nunca tenha visitado a instituição.

Anne foi trabalhar como contadora aos 15 anos. Investiu seu salário em si mesma, estudando à noite na predecessora da George Washington University Law School, em Washington, D.C. Ela ingressou no Internal Revenue Service (a Receita Federal americana) como auditora em 1920 e passou no exame da ordem em 1926, aos 32 anos. Anos depois, Anne costumava se debruçar sobre as duas lições que aprendeu durante seus vinte e três anos na receita.

Primeiro, ela concluiu que, pelo menos naquela época, as mulheres, especialmente as judias, tinham poucas chances de progredir. Quando ela se aposentou em 1943, ganhava apenas 3.150 dólares por ano. A segunda lição que ela aprendeu examinando as declarações de impostos de outras pessoas foi que a maneira mais segura de enriquecer nos Estados Unidos era investindo em ações.

Anne concluiu que não poderia fazer muito para mudar os preconceitos de outras pessoas, mas poderia fazer muito para cuidar de si mesma, então investiu cada centavo no mercado. Baseando-se em sua própria pesquisa metódica e nos relatórios de analistas da Merrill, ela comprou (e manteve) as principais empresas de marca em alguns negócios que sentiu entender (seu círculo de competência), incluindo medicamentos, bebidas e entretenimento. Ela raramente comprava mais de cem ações por vez, e apenas uma vez comprou mais de duzentas – quando ela adquiriu mil ações da Schering-Plough no início dos anos 1950 por 10 mil dólares. Hoje, só seu Schering-Plough vale cerca de 3,8 milhões de dólares.

Quando Anne Scheiber morreu, aos 101 anos, em 9 de janeiro de 1995, suas dez principais ações, começando com sua maior posição, valiam quase 6,2 milhões de dólares. Em 11 de dezembro de 1995, estavam sendo negociadas a 9,8 milhões, com um lucro real de 58% em onze meses.

Sua estratégia de compra e manutenção geralmente produzia retornos estelares. Algumas de suas ações, especialmente no entretenimento, foram adquiridas três ou quatro vezes, como a Capital Cities Broadcasting, que se tornou Cap Cities-Disney. No início dos anos 1980, quando se aproximava dos 90 anos, Anne se viu enfrentando impostos de renda cada vez mais altos sobre sua carteira de 10 milhões de dólares de cerca de cem ações.

Ela não gostou disso e decidiu transferir os 40 mil dólares em dividendos que coletava todos os meses em títulos e notas isentos de impostos, alguns pagando mais de 8% e totalmente isentos. Ainda assim, em poucos anos, seu fluxo de caixa subiu de 500 mil dólares por ano para cerca de 750 mil dólares, enquanto sua conta de impostos permaneceu sob controle.

Anne Scheiber era apenas uma típica trabalhadora, que ganhava um salário baixo e tinha poucas economias. Mas ela fez a diferença em sua própria vida financeira por ser altamente disciplinada, racional, consistente e prudente em sua metodologia de investimento. Seu legado de história de sucesso em investimentos fornece um exemplo poderoso do que se pode alcançar se for metódico e paciente com o dinheiro. O objetivo é comprar ações de empresas que você entende que são sólidas e estão em crescimento, com potencial no longo prazo.

A abordagem que ela usou enfoca o valor subjacente da ação e costuma ser considerada sinônimo de investimento em valor. Ela ignora o mercado de ações, o clima econômico geral e o sentimento predominante no mercado.

Como esse princípio me afetou

Os ciclos econômicos são fenômenos que demonstram a evolução do mercado ao longo do tempo. Eles refletem as mudanças e as flutuações da economia, mostrando como os setores se adaptam e variam conforme o ciclo avança.

No mercado de ações, podemos observar que determinados setores se destacam de acordo com o ciclo econômico em curso. Durante períodos de recessão, por exemplo, é comum vermos investidores migrando para o setor de tecnologia. Isso ocorre porque setores básicos como indústria e serviços costumam sofrer quedas em momentos de recessão, prejudicando as empresas nessas áreas e, consequentemente, os investidores.

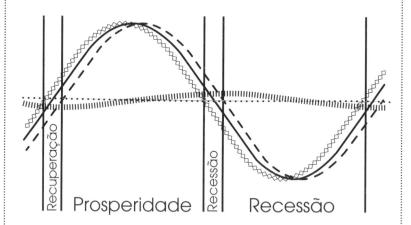

(i) *Boom*; (ii) Recessão; (iii) Depressão; (iv) Recuperação

Um exemplo prático disso foi a explosão das ações da Tesla na bolsa americana durante a pandemia. A recessão causada pela crise da covid-19 impulsionou o interesse dos investidores no setor de tecnologia, levando ao aumento significativo do valor das ações da Tesla. Em resumo, compreender os ciclos econômicos é importante para identificar as oportunidades e os setores que podem se beneficiar em cada fase, pois isso permite que os investidores tomem decisões mais informadas sobre onde alocar seus recursos.

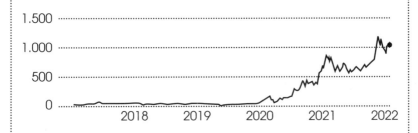

Em 31 de maio de 2007, comprei para os portfólios da gestora *offshore* ações da Apple, da Amazon e da Netflix. No segundo semestre de 2008, com a crise do subprime imobiliário americano, esses papéis chegaram a cair mais de 45%, aproximadamente. Passados quinze anos, as ações continuam nos portfólios, com um retorno médio equivalente 22,3% ao ano em dólar (a alocação da Apple se multiplicou por 47,5; a da Amazon, por 33,5; e a da Netflix, por 159,55).

NUNCA INVISTA NO QUE VOCÊ NÃO CONHECE

"Não é bom agir sem refletir; e o que se apressa com seus pés erra o caminho." (Provérbios 19:2)

O bilionário ícone de Wall Street e CEO da Berkshire Hathaway (BRK.A, BRK.B), Warren Buffett, admitiu que perdeu uma grande oportunidade ao não investir na subsidiária da Amazon.com, Inc (AMZN) e da Alphabet Inc (GOOG, GOOGL), subsidiária do Google.[36] Na verdade, durante a explosão tecnológica que criou inúmeros milionários e bilionários nos últimos vinte anos, os investimentos em tecnologia de Buffett foram poucos e distantes.

Em defesa de Buffett, ele tem uma boa desculpa para não investir em ações de tecnologia. Quando abordado pelo Google antes de sua oferta pública inicial de 2004, Buffett rejeitou uma oportunidade de investimento porque não entendia como o Google produziria uma vantagem competitiva lucrativa e durável sobre seus pares.

"Eu tive várias oportunidades de fazer perguntas para aprender mais, mas estraguei tudo", disse Buffett sobre o Google. A chance perdida com essas duas gigantes da tecnologia é apenas um exemplo de um Buffett muito mais amplo. "Nunca invista em um negócio que você não consegue entender", disse ele uma vez.

---

[36] VITORIO, T. Por que Warren Buffett perdeu oportunidade de US$ 10 bilhões em ganhos – e não se arrepende. **MoneyTimes**, 18 jan. 2022. Disponível em: www.moneytimes.com.br/por-que-warren-buffett-perdeu-oportunidade-de-us-10-bilhoes-em-ganhos-e-nao-se-arrepende/. Acesso em: 14 jun. 2024.

Buffett não parece ter afinidade com o negócio de tecnologia, então simplesmente o evita por completo. Claro, ele perde alguns grandes vencedores como Google e Amazon, mas também não expõe a si mesmo ou os investidores da Berkshire aos riscos associados ao investimento em algo que ele não entende nem aprecia de todo.

Pode parecer senso comum as pessoas não investirem em coisas que não entendem. Infelizmente, isso acontece muito. Os milhares de investidores que compraram títulos lastreados em hipotecas durante a recente bolha imobiliária são um excelente exemplo desse tipo de comportamento. Os investidores não tinham ideia de que muitos desses títulos continham empréstimos de baixa qualidade.

Em geral, as empresas de tecnologia e biotecnologia têm produtos ou serviços que exigem um alto nível de especialização para serem compreendidos. Por exemplo, a menos que um investidor seja especializado em engenharia elétrica, desenvolvimento de software ou outro campo relacionado, pode ser extremamente difícil entender a nova linha de ofertas de produtos de uma empresa de serviços em nuvem.

Buffett disse que tem três caixas para ideias de investimento: dentro, fora e muito difícil. Se o negócio ou produto de uma empresa for muito difícil de entender, é melhor apenas arquivá-lo na categoria "muito difícil" e passar para outra oportunidade.[37]

Como esse princípio me afetou

Esse princípio me trouxe uma lição amarga. Acostumado a investir em empresas que já reportavam lucros havia pelo menos dez anos,

---

[37] DUGGAN, W. Never Invest in Something You Don't Understand. **US News**, 11 maio 2017. Disponível em: https://money.usnews.com/investing/articles/2017-05-11/never-invest-in-something-you-dont-understand. Acesso em: 27 jun. 2024.

em 2010 decidi investir em uma companhia de petróleo que era a queridinha do mercado. Estudei a empresa, verifiquei quem eram os principais investidores institucionais (grandes fundos globais) e, dada a minha experiência exitosa com a Petrobras, achei que seria mais um *case* de sucesso.

A empresa havia lançado as ações na bolsa de maneira muito bem-sucedida, tendo captado 6,7 bilhões de reais, e o controlador era um empreendedor muito admirado, comparável ao Barão de Mauá (Irineu Evangelista de Sousa) – chamava-se Eike Batista e já tinha obtido sucesso com companhias de mineração.

A oferta pública inicial (IPO) da OGX, petroleira de Eike, foi um estrondoso sucesso. Na época, captou 6,7 bilhões de reais, com preço por ação de 1.131 reais, figurando como o maior IPO da história do país em captação.

Segundo Gustavo Daibert, da Bahia Asset, "OGX não era óbvio. Como era um negócio de alto risco, sempre terá pessoas dizendo que vai dar errado e outras dizendo que vai dar muito certo. Mas, se você analisar friamente, como um analista, estávamos em um ambiente em que o petróleo estava batendo, exatamente no IPO da OGX, um pouco menos de 50 dólares, e vários analistas diziam que o petróleo iria passar de 200 dólares e que faltaria petróleo no mundo. A empresa era basicamente a única alternativa à Petrobras para se investir em petróleo no Brasil".[38]

O resumo da ópera era que eu não conhecia tão bem os riscos dessa empresa que ainda não havia extraído uma gota de petróleo

---

[38] POR QUE era impossível antecipar o fracasso da OGX no IPO. **InfoMoney**, 20 out. 2020. Disponível em: www.infomoney.com.br/stock-pickers/por-que-era-impossivel-antecipar-o-fracasso-da-ogx-no-ipo/. Acesso em: 14 jun. 2024.

e, em outubro de 2013, ela entrou com pedido de recuperação judicial, e sua companhia exploratória foi um grande fracasso. Com isso, as ações viraram pó, e eu perdi muito dinheiro.

NUNCA TENHA CONDUTA DESONESTA

"O dinheiro ganho com desonestidade diminuirá, mas quem o ajunta aos poucos terá cada vez mais." (Provérbios 13:11)

"É melhor ter pouco com retidão do que muito com injustiça." (Provérbios 16:8)

"O fiel será ricamente abençoado, mas quem tenta enriquecer-se depressa não ficará sem castigo." (Provérbios 28:20)

"Feliz é o homem que empresta com generosidade e que com honestidade conduz os seus negócios." (Salmos 112:5)

"Não confiem na extorsão, nem ponham a esperança em bens roubados; se as suas riquezas aumentam, não ponham nelas o coração." (Salmos 62:10)

"Quem aumenta sua riqueza com juros exorbitantes ajunta para algum outro, que será bondoso com os pobres." (Provérbios 28:8)

"Tanto quem oprime o pobre para enriquecer-se como quem faz cortesia ao rico com certeza passarão necessidade." (Provérbios 22:16)

A ECONOMIA É CÍCLICA **117**

Um homem muito rico perderá sua fortuna se a esbanjar em vaidades. É necessário estar sempre atento para aumentar a propriedade de uma pessoa, ou então ela diminuirá gradualmente. No entanto, até alguém sem muito capital pode acumular uma fortuna por meio de uma poupança cuidadosa e gradual.

Tudo isso também vale como metáfora para o estudo da Torá. O maior dos estudiosos acabará por esquecê-la se despender energia em coisas inúteis, enquanto aquele que persistentemente se aplica ao estudo gradual acabará como um conhecedor da Torá. As modestas posses de um homem justo (*tsadic*) estão sob a proteção Divina e serão preservadas. Todos os grandes lucros e posses que são adquiridos de modo irregular serão perdidos no fim.[39] A atividade diligente e a indolência são formas opostas de caminhos de vida.[40]

Há, contudo, um bom modo de "indolência", que é a calma e passiva confiança do homem laborioso no Todo-Poderoso, o qual abençoará aquilo que ele planta. E há a má forma de "diligência", que é a pressa com que o indolente quer enriquecer, não importando os métodos utilizados ou o que tiver à mão. Esse é um exemplo dos caminhos nos quais as qualidades podem ser construtivas ou destrutivas, dependendo do contexto e do propósito.

---

[39] Rabino Meir Leibush ben Yehiel Michel Wisser, 1809-1879, mais conhecido como Malbim.

[40] WASSERMAN, A. (org.). **O livro dos provérbios (com comentários)**. São Paulo: Mayaanot, 2020.

Ele ensinou ainda que uma pessoa pode explorar e oprimir um pobre com a finalidade de juntar uma soma considerável, e então dá-la a alguém rico para ser usada e ganhar dele os juros, de modo que, no final, dará ao pobre uma grande quantidade de dinheiro de uma vez. Ou ele pode reter os pagamentos salariais de um trabalhador pobre por um longo período, e depois pagar tudo de uma vez com juros, assim "dando para um homem rico". No entanto, tal "benevolência" não pode compensar pelos meses ou anos de sofrimento e carência. A moralidade, portanto, é uma matéria de permanente e contínua correção e compaixão. Fins magnânimos não podem ser obtidos por meios opressivos.

Ademais, aquele que conduz suas transações comerciais em boa-fé, não trapaceia nem engana as pessoas, receberá muitas bênçãos. O governo descobre que alguém ficou rico por meios ilegais e esse dinheiro é confiscado, com o qual o governo constrói pontes e repara estradas. Dessa maneira, o pobre é beneficiado.[41]

Acompanhe periodicamente a performance de seus investimentos e saiba quando sair deles. Não deixe seus negócios em mãos estranhas. Dê-lhes sua atenção pessoal e invista esforços para fazê-los produzir lucros.[42] Se você for rico com prata e ouro, talvez sua riqueza não dure para sempre. Portanto, não despreze suas pequenas coisas.[43]

---

[41] *Ibidem.*

[42] Rabino Meir Leibush ben Yehiel Michel Wisser, 1809-1879, mais conhecido como Malbim.

[43] Rabino Shlomo Itzhack, 1040-1105, mais conhecido como Rashi.

A chave para um investimento de sucesso reside na diversificação estratégica, combinando produtos que oferecem segurança e rentabilidade. Essa diversificação, no entanto, exige organização e acompanhamento constantes do portfólio, principalmente quando há pulverização do capital.

Para facilitar essa gestão, concentrar os investimentos em poucos painéis é fundamental. O cérebro humano processa informações visuais de maneira mais eficiente, tornando *dashboards* mais intuitivos do que planilhas com diversos extratos bancários, por exemplo. A concentração das informações em painéis facilita a tomada de decisões e otimiza o acompanhamento dos investimentos.

Como esse princípio me afetou

A falta de acompanhamento periódico pode ser fatal para o portfólio, mais ainda se ele não for devidamente diversificado. Já me aconteceu de, ao dar uma ordem para compra ou venda de determinadas ações ou opções de ações, eu inverter a ordem e só descobrir que a execução da ordem estava errada no dia seguinte, ao conferir as notas de corretagem.

Lembro-me de um caso que ocorreu em junho de 2011. Em vez de comprar ações da Nvidia Corporation, executei uma ordem de venda. No dia seguinte, tomei um grande susto ao ver o saldo elevado de minha conta de investimento. Imediatamente, verifiquei as notas de corretagem e identifiquei a inversão (venda em vez de compra), e felizmente nesse dia as ações da companhia caíram, gerando um lucro acidental, mas que poderia ter sido um prejuízo gigantesco.

EVITE DECISÕES SÚBITAS E PRECIPITADAS

"Os planos do diligente tendem à abundância, mas a pressa excessiva, à pobreza." (Provérbios 21:5)

"O homem paciente dá prova de grande entendimento, mas o precipitado revela insensatez." (Provérbios 14:29)

Retomando algo que já mencionamos neste livro, embora atuem rapidamente, os diligentes levam tempo para pensar e planejar seu melhor modo de ação a partir de todas as possibilidades envolvidas.[44] É parte da diligência a refletida maneira de obter-se eficiência na ação. Apesar de isso poder retardá-los, "os conduz à vantagem". A pessoa apressada, no entanto, age sem considerar a espera pelo momento oportuno e, por isso, ela falha.

O entusiasmo é uma boa política de ação, mas não para pensar e planejar. Um período de espera, no qual as ideias amadureçam, é um bom investimento para iniciar qualquer projeto. Uma pessoa pode ser, aparentemente, lenta para se encolerizar, enquanto em seu coração ela "eleva" o sentimento para a ânsia de vingança, o que denota o temperamento interno, mais do que uma revelação externa. Isso é contra as leis da sabedoria moral, que nos dirigem a cultivar impulsos de misericórdia e perdão em nossos corações.

"A casa do sábio há comida e azeite armazenados, mas o tolo devora tudo o que pode." (Provérbios 21:20)

---

[44] WASSERMAN, A. *op. cit.*

Como mostra esse fragmento, um homem sábio tenta manter sua riqueza como meio de usá-la para a caridade. Ao contrário, o tolo consome sua riqueza, fazendo-a desaparecer e ignorando os necessitados ao seu redor.

SEMPRE SEJA PRUDENTE E HUMILDE

"Todo homem prudente age com base no conhecimento, mas o tolo expõe a sua insensatez." (Provérbios 13:16)

Em hebraico, *arum* (astuto, sagaz) significa a capacidade de encobrir o conhecimento e não revelar o que se sabe. Um astuto age somente na base do sólido conhecimento. Quando ele tem dúvida acerca da retidão ou da efetividade de uma ação, aguardará o esclarecimento. O tolo, ao contrário, em virtude de seu ceticismo e sua ânsia para gratificar-se, expõe sua estupidez.[45]

BUSQUE CONSELHOS[46]

"Onde não há conselho fracassam os projetos, mas com os muitos conselheiros há bom êxito." (Provérbios 15:22)

"O caminho do insensato aos seus próprios olhos parece reto, mas o sábio dá ouvidos aos conselhos." (Provérbios 12:15)

---

[45] Rabino Meir Leibush ben Yehiel Michel Wisser, 1809-1879, mais conhecido como Malbim.

[46] WASSERMAN, A. *op. cit.*

"O que confia no seu próprio coração é insensato, mas o que anda em sabedoria será salvo." (Provérbios 28:26)

Um plano pode ser frustrado porque seu iniciador não se aconselhou devidamente, mas com muitos conselheiros ele terá sucesso. Por isso, nesta parte do livro, menciono conselhos importantes que serão úteis a qualquer investidor.

O uso da palavra *sod*, em vez de *etsá*, denota que o conselho deve ser secreto. O rabino Yossef Naḥmias, também conhecido como Yosef ibn Naḥmias ou Nachmiash, explica que aquele que torna público seus planos acaba por fazê-los fracassar.

Uma vez que o tolo se considera um sábio, ele não acredita naqueles que o reprovam nem pede conselhos. O sábio, ao contrário, embora possa confiar em seu próprio julgamento, ouve os conselhos dos outros, ensina o Rabino Levi ben Gershon, 1288-1344, também conhecido como Ralbag.

Duvidando das leis da sabedoria, o tolo é enganado pela suavidade e pelo conforto aparentes de uma vida sensual ("direto nos seus olhos") e se recusa a ser advertido da decadência e da morte, que é o seu resultado. O sábio, contudo, ouve o conselho de seus experimentados mestres e escolhe a inicialmente difícil estrada de abstinência e concentração espiritual que conduz à vida e à felicidade.

A sabedoria moral educa o ser humano de modo que ele pode escapar das fantasias e dos impulsos do desejo que enchem seu coração imaginativo. "Confiar" em seu coração, esse solo produtor do mal, como um guia de vida, é a maior insensatez de todas. Uma pessoa sensível utilizará as leis da moral para batalhar e dominar seus impulsos amorais, como nos esclarece o rabino Meir Leibush ben Yehiel Michel Wisser, 1809-1879, mais conhecido como Malbim.

A ECONOMIA É CÍCLICA **123**

O tolo, nas palavras do rabino catalão Yonah ben Abraham Gerondi, 1180-1263, não planeja, mas confia que alcançará seu objetivo, sem problemas. Aquele que planeja suas atividades com sabedoria, no entanto, será poupado de todos os obstáculos.

Compartilho a seguir a história de alguns dos mais relevantes investidores brasileiros na bolsa de valores.[47]

Antônio José Carneiro é um mineiro bastante discreto, porque pouco se sabe de sua história. A sua vida profissional começou nos anos 1960, como caixa no Banco Mercantil. Em 1970, houve o Milagre Brasileiro, quando o nosso PIB acelerou e a inflação baixou, resultando em um grande crescimento econômico.

Para aproveitar as oportunidades, Antônio deixou o cargo de caixa para se tornar operador de pregão na Bolsa de Valores, na unidade do Rio de Janeiro. Com o dinheiro que acumulou em compra de ações, fez sociedade com Ronaldo Cezar (ex-deputado federal) e comprou a corretora Multiplic.

Em 1993, inaugurou a Losango, que ficou conhecida como a maior financeira do Brasil, e a vendeu quando ela atingiu o valor de 1 bilhão de dólares. A partir disso, continuou no mercado de ações, sobretudo em setores sem os quais a sociedade não pode ficar, como o de energia elétrica. Atualmente, ele é o principal acionista em pessoa física da Energisa e membro do Conselho Federal de Administração.

---

[47] MAIORES investidores do Brasil: descubra quem são e inspire-se. **Warren Magazine**, 2021. Disponível em: https://warren.com.br/magazine/maiores-investidores-do-brasil/. Acesso em: 28 jul. 2024.

Luiz Alves Paes de Barros e família são um exemplo de que nascer rico não quer dizer muita coisa se você não sabe como administrar o próprio dinheiro. Ele perdeu grande parte do patrimônio por não saber como economizar e tomar boas decisões.

Grande parte do patrimônio que ele construiu não veio de sua família rica, mas de seus investimentos. Apesar de estar na lista dos homens mais ricos do Brasil, ele leva uma vida bem simples. A estratégia de investimento que ele mais utiliza é a de comprar ações baratas. Falando de maneira simplificada, ele aproveita os cenários de baixa (*bear market*) para comprar e realiza lucros em momentos de alta.

Além disso, em grande parte de suas entrevistas, ele deixa claro que os investimentos com foco no longo prazo são o caminho para ter independência financeira. Luiz Alves é muito conhecido no mercado financeiro por ser um dos sócios-fundadores e atual CEO da gestora de fundos de investimentos Alaska.

Victor Adler está entre os maiores investidores do Brasil e fez história na Bolsa de Valores. É o carioca por trás das principais ações da empresa Eternit, em conjunto com Barsi e Parisotto. Também do grupo de discretos com a vida pessoal, não se sabe muito de sua infância ou as dificuldades pelas quais passou. Nos investimentos, seu principal foco são as empresas que geram resultados no longo prazo.

Adler ficou muito conhecido após assumir uma importante posição na empresa Oi. Além disso, ele sempre reforçou que suas preferências são por dividendos e empresas com bom histórico de pagamento de dividendos. Outra prática muito utilizada por ele é o aluguel de ações, que se resume a emprestar as ações que você compra a outros investidores com datas definidas para devolução. Em troca, você recebe rendimentos fixos.

Eufrásia Teixeira é a prova de que o mercado financeiro não é só para homens. Também há grandes mulheres na lista de maiores investidores do Brasil. Ela foi a primeira brasileira a investir na Bolsa de Valores, lá em 1873. Filha de barões e comissários de café, aos 21 anos, com a morte de seus pais, ela se viu na responsabilidade de administrar o dinheiro da família. A herança correspondia a 5% do PIB do café daquele ano.

No ano seguinte, ela e a irmã mais velha decidiram sair de sua cidade natal, no Vale do Paraíba, no Rio de Janeiro, e ir para Paris. Nessa época, as mulheres não podiam frequentar o mercado financeiro, somente os homens. Com isso, ela precisava ficar em locais e andares separados de onde ocorriam as negociações. Isso não foi um empecilho, pois apesar dessas dificuldades ela multiplicou o patrimônio da família por meio de diferentes aplicações na bolsa.

Entre as companhias de que ela foi acionista estão a Ambev (que na época era a Antárctica Brasil), o Banco do Brasil, o Banco Mercantil do Rio de Janeiro e companhias ferroviárias, como a Paulista de Estradas de Ferro. Sem deixar herdeiros, ela faleceu em 1930.

Entre as grandes lições dos maiores investidores do Brasil, uma delas é que aprender com os erros e acertos de outros pode tornar o seu caminho um pouco mais fácil. Podemos tirar muita inspiração dos maiores investidores do nosso país, já que suas estratégias os tornaram bilionários. E podemos perceber duas coisas em comum entre eles:

- Objetivos de longo prazo.
- Investimento em ações.

Sabemos que há investimentos de renda variável para quem deseja viver de renda, porém, quanto mais tempo o dinheiro fica aplicado, melhores tendem a ser os resultados, desde que as empresas sejam saudáveis e promissoras.

Você se lembra da história de Luiz Barsi Filho e Lírio Parisotto, mencionada no capítulo 3? Parisotto nos mostra que é possível, sim, investir com pouco dinheiro; basta saber definir as suas prioridades e economizar. Afinal, mesmo passando por dificuldades, ele começou a comprar ações. Não importa se eles nasceram em famílias simples ou ricas, as suas fortunas foram construídas por meio de investimentos, algo que ainda não faz parte da cultura do brasileiro. Além disso, Barsi procura comprar ações quando elas estão em baixa. Ele prioriza empresas que pagam bons dividendos e fica com as ações por vários anos. Essa estratégia é, como já indiquei, chamada de *buy and hold* e mostra que o melhor caminho para quem deseja multiplicar o patrimônio conquistado por meio do trabalho é no mercado financeiro mirando o longo prazo.

Quando você se torna sócio de boas empresas, a cotação dessas companhias segue o lucro no longo prazo, de maneira que você obtém retornos muito maiores do que obteria em títulos de renda fixa, quando falamos em horizontes acima de dez anos, por exemplo.

Como esse princípio me afetou

Conselhos são importantes em qualquer área da vida, mas, em se tratando de investimentos, é sempre importante ficar atento aos relatórios que os analistas emitem sobre as empresas de capital aberto.

Mesmo tendo tais relatórios e usando o terminal da Bloomberg (maior empresa de informações financeiras do mundo), em setembro de 2000 eu achei que sabia o suficiente para não ser refém desses relatórios e decidi investir em algumas companhias que eu mesmo analisava (sou contador de formação, então não tinha dificuldade nisso). Com o efeito do estouro da bolha da internet e dos atentados de 11 de setembro de 2001, o S&P 500 cravou uma queda de 52% em setembro de 2002 – como consequência, as ações que eu achava que conhecia muito bem chegaram a cair 65,2% no mesmo período.

Depois disso aprendi que não importa meu conhecimento isolado de mercado, pois sempre vale a pena comparar os relatórios dos analistas com a avaliação da minha equipe para decidir o que comprar ou vender.

A CHAVE PARA UM INVESTIMENTO DE SUCESSO RESIDE NA DIVERSIFICAÇÃO ESTRATÉGICA.

@DOVGILVANCI

06.
O FUTURO PERTENCE A D'US

"Em seu coração o homem planeja o seu caminho, mas o Senhor determina os seus passos." (Provérbios 16:9)

Saiba que o futuro pertence a D'us, mas não deixe de fazer o seu melhor na gestão de seu patrimônio.

Se um homem planeja seu caminho, D'us prepara seu passo para que ele não tropece. Embora o homem tenha livre-arbítrio para decidir seu curso de ação, ainda cabe ao poder do Céu deixá-lo levar a efeito seu projeto ou evitá-lo. Assim como a expressão oral é uma dádiva do Céu, fazer movimentos físicos e realizar esses movimentos depende de Sua vontade.[48]

O rei Salomão incentiva as pessoas a desviarem-se do pecado, especialmente do roubo e da injustiça, que tentam uma pessoa. Ele também nos diz que ninguém pode dar um passo sem que D'us o permita fazê-lo.[49]

Como esse princípio me afetou

"O futuro a D'us pertence, mas são suas escolhas que o constroem!"

Com certeza você já ouviu essa frase. Neste momento, quero dizer que você não pode permitir que dinheiro seja um fim; ele deve

---

[48] WASSERMAN, A. *op. cit.*

[49] *Ibidem.*

ser apenas um meio, uma mera ferramenta para você cumprir seu propósito nesta vida.

Eu aprendi a aplicação prática desse princípio quando um de meus maiores clientes globais de investimentos foi diagnosticado com Alzheimer. Ele era bilionário, e a progressão da doença foi tão intensa que, em dez meses, ele nem sequer se lembrava do tamanho do patrimônio e muito menos de quem eu era, embora o acompanhasse havia mais de quinze anos.

Ele foi um empresário que se dedicou às suas empresas, não viu os filhos crescerem e nem os acompanhou, divorciou-se três vezes e, ao final, estava sozinho outra vez, da mesma forma como viera ao mundo: sem absolutamente nada, porque teve de ser interditado, e o juiz nomeou um curador para administrador seu patrimônio.

Olhando pelo retrovisor, eu me pergunto qual foi o propósito de sua vida, e isso vale para todos nós.

GRATIDÃO[50]

> *"Tanto a prata quanto o ouro me pertencem, declara o Eterno dos Exércitos." (Ageu 2:8)*

> *"Do Eterno é a terra e tudo o que nela existe, o mundo e os que nele vivem." (Salmos 24:1)*

A D'us pertencem todas as coisas, inclusive seus investimentos, portanto seja grato por ter recebido a capacidade de produzir riquezas.

---

[50] TAL, M. Shamor ve Zachor. **Jornal da Orla**, 14 set. 2022. Disponível em: https://jornaldaorla.com.br/noticias/shamor-ve-zachor/. Acesso em: 28 jun. 2022.

Na visão do rabino Jonathan Sacks, poucos textos tiveram uma influência mais profunda sobre a civilização ocidental do que o primeiro capítulo do Gênesis, com sua importante visão do universo, que surgia como obra de D'us. Contra a grandeza da narrativa, o que se destaca é a pequenez, a singularidade do ser humano – vulnerável, mas também inegavelmente separado de todos os outros seres.

Lutando com a desafiadora noção dos humanos como proprietários e subjugadores da terra divinamente ordenados, nós nos deparamos com as questões fundamentais de nosso lugar no universo e nossa responsabilidade por ele. Uma interpretação literal sugere um mundo em que as pessoas derrubam florestas, abatem animais e jogam lixo no mar à vontade (algo muito parecido com o que vemos em nosso mundo hoje).

Por outro lado, como Rav Kook, primeiro rabino-chefe de Israel, escreve, qualquer pessoa inteligente deve saber que Gênesis 1:28 é um trecho bíblico que "não significa a dominação de um governante severo, que aflige seu povo e servos apenas para cumprir seus objetivos pessoais, capricho e desejo, de acordo com a desonestidade do seu coração". Deus poderia realmente ter criado um mundo tão complexo e magnífico apenas para o capricho dos humanos?

O capítulo 1 de Gênesis é apenas um lado da complexa equação bíblica. É equilibrado pela narrativa do capítulo 2 do mesmo livro, o qual apresenta outra narrativa da Criação, que enfoca os humanos e seu lugar no Jardim do Éden. A primeira pessoa é colocada no jardim "para trabalhá-lo e cuidar dele".

Os dois verbos hebraicos usados aqui são significativos. O primeiro, *le'ovdah*, significa "servir". O ser humano é, portanto, senhor e servo da natureza. O segundo, *leshomrah*, significa "guardá-lo". Este é o verbo usado na legislação bíblica posterior para descrever as responsabilidades de um guardião da propriedade que pertence a outra pessoa. Esse guardião deve exercer vigilância enquanto protege, sendo pessoalmente responsável por perdas que ocorram devido a negligência. Essa é talvez a melhor definição curta da responsabilidade da humanidade pela natureza como a Bíblia a concebe.

Não somos donos da natureza: "Do Senhor é a terra e a sua plenitude" (Salmos 24:1). Somos seus mordomos em nome de D'us, que criou e possui tudo. Como guardiões da terra, temos o dever de respeitar sua integridade.

O mandato de Gênesis 1 para exercer o domínio não é, portanto, técnico, mas moral: a humanidade controlaria, dentro de suas possibilidades, o uso da natureza a serviço de D'us. Além disso, esse mandato é limitado pelo requisito de servir e guardar, conforme visto em Gênesis 2. A famosa história de Gênesis 2-3 – que aborda a ingestão do fruto proibido e o subsequente exílio de Adão e Eva do Éden – apoia esse ponto.

Nem tudo é permitido. Existem limites para a forma como interagimos com a terra. A Torá tem mandamentos sobre como semear, como coletar ovos e como preservar as árvores em tempos de guerra, só para citar alguns. Quando não tratamos a criação de acordo com a vontade de D'us, o desastre pode acontecer.

Vemos isso hoje à medida que mais e mais cidades estão sob uma nuvem de poluição e alertas de mercúrio são emitidos em grandes setores de nossas águas de pesca. O desmatamento das florestas tropicais, em grande parte resultado da crescente demanda da humanidade por madeira e carne bovina, trouxe a destruição irrevogável de espécies vegetais e animais.

Não podemos mais ignorar o enorme impacto negativo que a sociedade industrial do mundo inteiro está exercendo nos ecossistemas da Terra. O uso ilimitado de combustíveis fósseis para alimentar nosso estilo de vida intensivo está causando mudanças climáticas globais. Um consenso internacional de cientistas prevê tempestades, inundações e secas mais intensas e destrutivas, resultantes dessas mudanças na atmosfera induzidas pelo ser humano. Se não agirmos agora, arriscaremos a sobrevivência da civilização como a conhecemos.

Mas a escolha é nossa. Se continuarmos a viver como se D'us tivesse apenas nos ordenado a subjugar a terra, devemos estar preparados para que nossos filhos herdem um planeta seriamente degradado, com o futuro da civilização humana em risco. Se virmos nosso papel como senhores da terra como uma oportunidade única de servir e cuidar verdadeiramente do planeta, de suas criaturas e de seus recursos, poderemos recuperar nosso status de administradores do mundo e criar novas gerações em um meio ambiente muito mais próximo do Éden.

NÃO AME NEM VENERE O DINHEIRO E JAMAIS SEJA CONSUMISTA[51]

> *"Quem ama o dinheiro jamais terá o suficiente; quem ama as riquezas jamais ficará satisfeito com os seus rendimentos. Isso também não faz sentido." (Eclesiastes 5:10)*

A alma do homem merece comer do bem de D'us porque há bastante bem, e muitos para dele partilharem. Mas ele não será desperdiçado só por existirem muitos para comer dele. Se essa generosidade fosse

---

[51] *Ibidem.*

escassamente limitada, somente os mais justos receberiam sua porção dela. Isso no que se refere à alma. Quanto ao corpo, que labuta dia a dia, "que vantagem há para seu possuidor, além do que ele vê com seus olhos? Seu mérito é ver, antes de sua morte, que um dia ele será ressuscitado".[52]

"Quem confia em suas riquezas certamente cairá, mas os justos florescerão como a folhagem verdejante."
(Provérbios 11:28)

"Confie no Eterno de todo o seu coração e não se apoie em seu próprio entendimento; reconheça o Eterno em todos os seus caminhos, e ele endireitará as suas veredas."
(Provérbios 3:5-6)

Uma vez que a folha cresce antes do fruto, os justos são comparados à folha, e eles protegem as pessoas de sua geração como a folha protege o fruto da árvore.[53]

Uma árvore frutífera também produz folhas, que protegem o fruto. O rico pensa que o dinheiro é o mais importante, mas ele é somente folhas sem frutos e, quando elas secam, nada fica. O ganho material do justo, no entanto, serve como proteção das distrações da vida, de modo que ele pode produzir o "fruto" durável do seu estudo de Torá e da Divina adoração. Se um homem tentar "conhecer" a D'us, imitando-O nos mais largos aspectos da personalidade Divina, nos amplos "caminhos" do

[52] Rabino Moisés Alshich, 1508-1593, conhecido como Alshich Hakadosh.

[53] Rabino Yossef Naḥmias, também conhecido como Yosef ibn Naḥmias ou Nachmiash.

ser, tais como compaixão, generosidade, humildade (seguindo o imperativo básico de "você deve andar em Seus caminhos..."), então Ele assegura ao ser humano que as "trilhas" detalhadas dos mandamentos – o "como", o "quando" e o "onde" fazer – vão se apresentar suave e corretamente.[54]

Aqueles que confiam em sua riqueza cairão justamente em virtude de sua riqueza. Os justos, contudo, em meio a suas dificuldades e pobreza, florescerão como uma folha, que cresce mais rápido que o fruto.[55] Gaste seu dinheiro procurando para si um mestre com quem você vai aprender, e não confie em seu entendimento.[56]

Em todos os seus afazeres, conheça o Senhor; concentre-se em realizar suas atividades de modo que elas sejam utilizadas para o cumprimento da palavra de D'us; então Ele direcionará você na trilha reta, e você terá sucesso, conforme ensinou o rabino David Altschuler de Praga (1687-1769, Metsudat David).

VIVA UMA VIDA SIMPLES E SEM OSTENTAÇÃO

O professor de negócios Hershey H. Friedman, PhD, da Koppelman School of Business Department of Business Management Brooklyn College, em seu artigo "The Talmude Secret of Wealth" [O segredo

---

[54] Rabino Meir Leibush ben Yehiel Michel Wisser, 1809-1879, mais conhecido como Malbim.

[55] Rabino Yonah ben Abraham Gerondi, 1180-1263.

[56] Rabino Shlomo Itzhack, 1040-1105, conhecido como Rashi.

da riqueza conforme o Talmude],[57] ensina que o Talmude desaprova a ostentação de riqueza, citando os fundamentos que comprovam tal declaração. A exibição de riqueza excessiva pode levar alguém à arrogância. O Tanach ensina em Deuteronômio 8:11-18 sobre um dos perigos da riqueza: um indivíduo bem-sucedido pode acreditar que "meu poder e a força de minha mão me fizeram toda esta riqueza".

O ser humano, portanto, deve recordar-se de que a riqueza é um permissivo de D'us para que cada pessoa possa cumprir seu propósito e fazer a Sua vontade, uma vez que a ostentação tem vários efeitos negativos:

- torna alguém notável e desperta a inveja dos outros, inclusive inimigos do povo judeu;
- pode fazer com que aqueles que não podem viver um estilo de vida luxuoso fiquem envergonhados por sua falta de sucesso financeiro;
- pode causar arrogância.

Compartilhar sua riqueza com os demais é uma das principais razões pelas quais recebemos tais riquezas, e ela não deve ser usada para procedimentos egocêntricos. Isso é tão crítico para o povo judeu que Deuteronômio 17:17 afirma que nem sequer um rei tem permissão para aumentar para si mesmo prata e ouro, para que seu coração não se levante acima de seus irmãos.

O Talmude exorta as pessoas a viver frugalmente. D'us despreza a ostentação e a vida ostentatória. A seguinte história de Menachot 85b descreve um indivíduo extremamente rico que possuía grandes quantidades de petróleo:

---

[57] FRIEDMAN, H. H. The Talmudic Secret of Wealth. **SSRN**, p. 1-32, 2019. Disponível em: https://papers.ssrn.com/sol3/papers.cfm?abstractid=3454880. Acesso em: 28 jul. 2024.

A D'US PERTENCEM TODAS AS COISAS, INCLUSIVE SEUS INVESTIMENTOS, PORTANTO SEJA GRATO POR TER RECEBIDO A CAPACIDADE DE PRODUZIR RIQUEZAS.

@DOVGILVANCI

Ele agia como um trabalhador comum, e o agente enviado para comprar grandes quantidades de óleo não podia acreditar que aquela pessoa tivesse óleo para vender. No entanto, nossos sábios ensinaram, em sua bênção à tribo de Asher, que Moisés disse: "Ele agradará a seus irmãos e imergirá seu pé em óleo" (Deuteronômio 33:24). Isso se refere à porção de Asher, pois o óleo flui para lá como uma fonte. A Gemara relata: eles disseram que uma vez o povo de Laodiceia precisava de óleo. Designaram um agente e disseram a ele: "Vá e traga-nos um milhão de maneh" (aproximadamente 341,077 gramas de óleo). Ele foi primeiro a Jerusalém para obter o óleo, mas os residentes de lá não tinham essa quantidade. Disseram-lhe: "Vá a Tiro, que era uma cidade comercial". Ele foi a Tiro, mas eles também não tinham óleo suficiente. Disseram a ele: "Vá a Gush Ḥalav, que está localizado na porção de Asher". Ele foi a Gush Ḥalav, e disseram a ele: "Vá até o fulano de tal, para aquele campo". Ele foi até lá e encontrou alguém capinando debaixo de suas oliveiras.

O mensageiro disse àquele homem: "Você tem o óleo de um milhão de maneh de que preciso?". O homem lhe disse: "Espere por mim até que eu termine meu trabalho, ou seja, capinar". O mensageiro esperou, então, até que o homem terminasse seu trabalho. Depois de terminar, o sujeito pendurou suas ferramentas sobre os ombros, uma maneira típica de trabalhadores pobres, e começou a andar, removendo pedras de seu pomar enquanto seguia pelo caminho. Ao ver esse comportamento, que sugeria que o homem era apenas um trabalhador, o mensageiro questionou se o homem era realmente capaz de lhe fornecer o óleo. Ele disse ao homem: "Será que você realmente tem o óleo de um milhão de maneh de que eu preciso? Parece-me que os judeus de Gush Ḥalav estavam zombando de mim ao me enviarem para cá". Quando ele chegou à sua cidade, a serva trouxe para o homem que capinava uma chaleira com água quente, e ele lavou as mãos e os pés. Depois, ela trouxe para ele uma bacia de ouro cheia de óleo, na qual ele imergiu as mãos e os pés, em cumprimento ao que foi dito sobre a tribo de Asher (Deuteronômio 33:24): "E mergulhe os pés no óleo".

Depois que eles comeram e beberam, o homem mediu para o mensageiro um milhão de maneh de óleo. O homem disse-lhe: "Tem certeza de que não precisa de mais azeite?". O mensageiro disse-lhe: "Sim, preciso de mais, mas não tenho dinheiro para isso". O homem disse-lhe: "Se queres levar mais óleo, leva-o, e eu voltarei contigo para Laodiceia e recolherei o dinheiro para o óleo extra lá". O mensageiro concordou, e o homem mediu mais 180 mil maneh de óleo. Sobre o incidente, as pessoas disseram: "O mensageiro tinha uma carga tão grande de óleo que não restara nem um cavalo, nem uma mula, nem um camelo, nem um burro em toda Israel que ele não alugara para ajudar a transportar o óleo de volta para Laodiceia. Quando o mensageiro finalmente chegou à sua cidade, o povo saiu para elogiá-lo por ter conseguido tremendo feito".

O mensageiro disse-lhes: "Não me louvem. Em vez disso, elogiem este homem que veio comigo, pois foi ele quem mediu para mim um milhão de maneh de óleo e me estendeu uma dívida de 180 mil maneh de óleo". O incidente cumpriu o que foi declarado (Provérbios 13:7): "Há quem pareça rico, mas nada tem; há alguém que parece ser pobre, mas tem grande riqueza" (Talmude Bavli Menachot 85b).

O Talmude Bavli Menachot 86a ensina ainda que "os ricos são parcimoniosos". Isso é usado como um dispositivo para lembrar quem usou azeite anpikanon (azeite feito de azeitonas verdes) e quem o jogou fora. Rabi Chiya jogaria fora esse tipo de óleo; o rabino Shimon, filho do rabino Yehuda HaNasi, mergulhava sua comida nele porque o considerava óleo de excelente qualidade. "Os ricos são parcimoniosos" é um mnemônico para não confundir as duas opiniões; Rabi Shimon era rico.

O rabino Kav Hayashar (1648-1712) também ensinou que "se deve tentar encobrir e esconder sua riqueza. Isso é especialmente verdadeiro quando os gentios o verão", e o rabino Ephraim Lunshitz (c. 1550-1619), autor do Kli Yakar, um comentário popular sobre a Torá, fornece uma fascinante interpretação homilética de Deuteronômio 2:3: "Chega de circundar esta montanha; vire-se para o norte".

Ele afirma que a Torá está dizendo ao povo judeu para manter um perfil discreto ao vagar no exílio e não ostentar riqueza para não despertar a inveja dos gentios. Critica, então, os judeus de sua geração que vivem além de suas posses, usam roupas elegantes e moram em casas extravagantes e, assim, incitam seus vizinhos gentios contra eles. Nas palavras do Kli Yakar, um indivíduo com ativos de cem vive como se tivesse milhares, culpando os problemas que acontecem com os judeus em estilos de vida ostensivos.

O Tanach preconiza ainda, em Provérbios 22:4, que "o resultado da humildade e do temor do Eterno é riqueza, honra e vida". Os sábios acreditavam que a humildade resulta em riqueza. Como afirmado anteriormente, a punição para a arrogância é a pobreza.

Como esse princípio me afetou

Para alcançar seus sonhos, é fundamental se sentir à vontade com a incerteza e não saber o que o futuro lhe reserva. É necessário desenvolver uma maior tolerância à incerteza e buscar evitar surpresas desagradáveis, transformando todas elas em experiências positivas.

O livro *Antifrágil*, de Nassim Taleb,[58] oferece valiosos conselhos para não apenas resistir a eventos adversos, mas também se beneficiar quando as coisas não saem conforme o planejado. Tornar-se antifrágil permite trilhar um caminho menos convencional.

- A simplicidade de vida é a ferramenta mais importante para lidar com riscos. Evite ostentação e carros chamativos. Mantenha seus gastos baixos, independentemente de sua renda. Além de possibilitar que você assuma riscos, uma vida simples traz benefícios adicionais.
- Evite relacionar-se com a pessoa errada. É mais fácil atrair o parceiro adequado quando não se está exibindo uma Ferrari. Afinal, você realmente deseja casar-se com alguém que se sente irresistivelmente atraído por um carro luxuoso?
- Evite comportamentos imprudentes. Uma vida extravagante traz tentações para se desviar do caminho correto. Por que testar sua determinação? Já há trabalho suficiente em fazer seu negócio ser bem-sucedido. É melhor evitar tentações. Uma vida simples mantém você afastado de más ações.
- Aumente sua margem de manobra. Ao manter seus gastos pessoais baixos, você terá um prazo maior para

---

[58] TALEB, N. **Antifrágil**. São Paulo: Objetiva, 2020.

dedicar-se ao seu negócio. Despesas elevadas encurtam esse prazo.

- Maximize o lucro. O hábito da frugalidade na vida pessoal refletirá na sua empresa. A maneira mais fácil de obter lucro é manter os custos reduzidos.

- Mantenha-se humilde. Ninguém gosta de pessoas arrogantes. Se você se exibe demais, será visto como arrogante. Isso pode ser aceitável quando tudo está indo bem, mas, quando ocorrer um contratempo, as pessoas se aproveitarão disso para ridicularizá-lo.

- Pense com clareza. Como é possível ter clareza de pensamento quando você está constantemente cercado por bajuladores, carros e casas luxuosas? Quanto menos distrações você tiver na vida, mais poderá focar sua energia mental no seu negócio. Lembre-se de que você não pode levar seus bens e troféus quando morrer. Quando você morre, acabou. Você se torna pó. Todos os bens materiais são insignificantes.

A única coisa que realmente importa é o impacto positivo que você deixou no mundo durante o tempo em que viveu. Possuir um superiate, carrões, jatinho ou mansões não é um "impacto positivo". Construa um negócio lucrativo que ajude seus clientes e possa sobreviver além do seu papel como fundador. Isso, sim, é um impacto positivo.

O RICO PENSA QUE O DINHEIRO É O MAIS IMPORTANTE, MAS ELE É SOMENTE FOLHAS SEM FRUTOS E, QUANDO ELAS SECAM, NADA FICA.

@DOVGILVANCI

07. CASOS NO TALMUDE SOBRE FINANÇAS

O Talmude é consideravelmente mais do que um código da lei judaica – ele contém histórias e casos que fornecem *insights* sobre um comportamento ético adequado. O professor Hershey H. Friedman[59] compilou as histórias e os *cases* a seguir para demonstrar a aplicação prática dos princípios judaicos em se tratando de ética nos negócios.

CASO 1

Quatrocentos barris de vinho do rabino Huna ficaram misteriosamente avinagrados. Vários sábios lhe disseram para examinar seus atos para ver se havia uma razão para tal perda. O rabino Huna ficou surpreso e disse: "Suspeita que eu fiz alguma coisa errada?". Os sábios não achavam que Deus puniria alguém sem causa. Aceitando o ponto de vista dos sábios, ele perguntou sobre quaisquer rumores de seu erro. Eles disseram que rabino Huna enganou seu meeiro ao compartilhar a produção.

Nos tempos talmúdicos, o meeiro tinha direito a uma parte das uvas e das vinhas. O rabino Huna afirmou acreditar que o meeiro realmente o enganara, pegando mais do que o devido. Os sábios não aceitaram a explicação e disseram que esse era um exemplo do ditado popular "Roube de ladrão e você também sente o gosto de roubar".

---

[59] FRIEDMAN, H. H. The Talmud as a Business Guide. **MJAE**, v. 1, n. 1, p. 38-48, 2012.

A ÚNICA COISA QUE REALMENTE IMPORTA É O IMPACTO POSITIVO QUE VOCÊ DEIXOU NO MUNDO DURANTE O TEMPO EM QUE VIVEU.

@DOVGILVANCI

O erro do rabino Huna foi fazer justiça com as próprias mãos ao "roubar" as videiras. Era irrelevante que ele tivesse uma reclamação legítima contra o desonesto meeiro. O rabino Huna concordou em pagar ao meeiro o que lhe era devido. Então, de acordo com o Talmude, um milagre tornou novamente doce o vinho avinagrado. Em outra versão, o preço do vinagre subiu para o equivalente ao vinho. Qualquer final demonstra que aquele que age com ética é bem-sucedido, enquanto aqueles que cometem injustiça, mesmo uma que pode ser racionalizada, pode ser punido por D'us.[60]

CASO 2

O rabino Chiya b. Ashi estava visitando a casa de um morador da cidade de Laodiceia. Os servos trouxeram uma mesa de ouro puro, tão pesada que foram necessárias dezesseis pessoas para levá-la até lá, e dezesseis correntes de prata foram presas à mesa (possivelmente alças para carregá-la). Ela estava cheia de todos os tipos de iguaria e especiaria. Quando os criados a puseram no chão, recitaram o seguinte versículo: "A terra e sua plenitude pertencem ao Eterno" (Salmos 24). O rabino Chiya perguntou a seu anfitrião o que ele havia feito para merecer tamanha riqueza. O anfitrião disse saber que o rabino Chiya era um açougueiro que sempre reservava um belo animal para a refeição do sábado.

A história apoia a opinião de que as pessoas que honram o sábado merecem grande riqueza.[61] Também pode insinuar outra característica desse açougueiro. O Salmo 24 descreve uma pessoa muito parecida com o rabino Chiya, que leva uma vida de grande integridade: "Quem

---

[60] Talmude Babilônico, Berachos 5b.

[61] Talmude Babilônico, Shabat 119a.

subirá a montanha do Eterno? E quem permanecerá em seu lugar santo? Aquele que tem as mãos limpas e um coração puro; aquele que não entrega a sua alma à vaidade e não jura enganosamente".

CASO 3

Alguns carregadores negligentes quebraram um barril de vinho pertencente a Rabbah, o filho do rabino Huna. Rabbah apreendeu algumas de suas roupas como restituição. Eles apresentaram uma reclamação a seu pai, que instruiu Rabbah a devolver as roupas. Rabbah perguntou: "Essa é a lei?". Um tanto enigmaticamente, o rabino respondeu: "Que tu possas andar no caminho dos homens bons", uma citação de Provérbios 2:20. Quando Rabbah prontamente devolveu suas roupas, os carregadores disseram: "Somos homens pobres, temos trabalhado o dia todo e estamos necessitados. Não devemos obter nada por nosso trabalho?". O rabino Huna disse a Rabbah para pagá-los.

Rabbah novamente perguntou se a lei exigia que ele fizesse aquilo. O rabino respondeu com a conclusão da citação anterior de Provérbios e disse a seu filho para "manter o caminho dos justos". Olhando sob o aspecto puramente legal, os trabalhadores, sendo negligentes, não deveriam ter sido pagos. A lei de fato exigiu que compensassem Rabbah por suas perdas. No entanto, o rabino Huna explicou que uma pessoa boa e justa deve exceder os limites absolutos da lei, mesmo quando se trata de um funcionário.

Esta história é um bom exemplo de como os sábios talmúdicos exortaram seus pares a irem além dos requisitos da lei.[62]

---

[62] Talmude Babilônico, Baba Metzia 83a.

CASO 4

Outra história talmúdica ilustra a honestidade de um diarista. Esse indivíduo não era uma pessoa comum, pois tinha o poder sobrenatural de orar por chuva durante as secas e ter essas petições imediatamente atendidas por Deus. O que ele fez para merecer um presente tão único?

Abba Chelkiya era conhecido como um homem justo. Durante uma grave seca, uma comissão enviada para implorar o uso de seu dom único encontrou o homem capinando em um campo. No entanto, quando eles o cumprimentaram, Abba Chelkiya nem mesmo virou-se para encará-los. Mais tarde, à noite, o comitê o questionou sobre seu comportamento estranho. Ele explicou que havia sido contratado para um dia de trabalho e não queria desperdiçar um tempo que não era seu.[63]

CASO 5

O caso da negociação do rabino Safra ilustra um comportamento empresarial extremamente ético. Ele é citado no Salmo 15:2 como aquele que "fala a verdade em seu coração". Certo dia, enquanto o rabino Safra estava no meio da oração, um homem se ofereceu para comprar algumas de suas mercadorias. O rabino Safra estava orando e não conseguiu respondê-lo. O potencial comprador acreditou erroneamente que ele estava esperando por mais, então continuou aumentando seu lance. Quando o rabino Safra terminou sua oração, disse ao comprador que venderia o item pelo preço original.

---

[63] Talmude Babilônico, Taanis 23a.

Ele "concordou em seu coração" com o preço, e seu silêncio foi mal interpretado.[64]

O rabino Safra correu bem além das exigências da lei, mantendo--se em um alto padrão de ética. Embora as pessoas comuns possam não ser capazes de cumprir esse padrão, manter a palavra pode ser uma expectativa razoável.

CASO 6

Outra figura talmúdica, o rabino Simeon ben Shetah, foi um exemplo de alguém que ultrapassou os requisitos da lei. Ele comprou um burro de um árabe, e seus discípulos descobriram uma joia valiosa pendurada no pescoço do animal, escondida da vista. Quando lhe informaram da descoberta, o rabino Simeon correu de volta ao mercado, encontrou o árabe e devolveu a joia para ele. O árabe então abençoou o senhor do rabino Simeon ben Shetah.[65]

CASO 7

Abba era um sangrador e cirurgião muito estimado pelo Talmude por suas práticas de negócio exemplares. Seus pacientes pagavam apenas o que podiam pagar. Deixavam o dinheiro em uma caixa em uma sala externa, assim não se via quem havia ou não havia pagado – ele não queria embaraçar os pobres. Sua capacidade de manter esse sistema de pagamento indicou que seus pacientes, em sua maioria, deviam ter sido bastante éticos. Quando um paciente estava claramente empobrecido, Abba recusava o pagamento e, além disso, dava-lhe

---

[64] Talmude Babilônico, Maakos 24a.

[65] Talmude de Jerusalém, Baba Metzia 2:5.

dinheiro para comida. Ele achava que todos deveriam comer uma refeição substancial após a cirurgia.[66]

CONCLUSÃO

Os dois ditados mais famosos de Hillel (60 a.C.-9 d.C.), um dos mais importantes sábios do Talmude, são pontos de vista talmúdicos por excelência sobre como viver uma vida e conduzir negócios:

> *"Se eu não for por mim, quem será por mim? E se eu cuidar apenas de mim, o que sou? Eu?" (Hillel, Talmude Bavli Pirkei Avot 1:14)*

> *"'O que é odioso para você, não faça ao seu próximo', isso é toda a Torá, o resto é comentário." (Hillel, Talmude Bavli Shabat 31a)*

Não há nada de errado em lucrar. Na verdade, uma empresa deve se esforçar para ter eficiência e recompensar as partes interessadas. No entanto, é essencial que a organização faça a gestão de seus negócios de modo que não prejudique os outros. Uma empresa tem a obrigação de ser socialmente responsável. O Talmude cita o seguinte verso como um guia ético na condução da vida e dos negócios de alguém:

> *"D'us, quem pode peregrinar em Tua tenda? Quem pode habitar em Teu santo monte? Aquele que anda em total integridade, não o que é certo, e fala a verdade de seu coração. Aquele que não tem calúnia em sua língua, que*

---

[66] Talmude Babilônico, Taanis 21b.

não fez mal ao seu semelhante nem lançou desgraça sobre o seu próximo." (Salmos 15:1-3)

É importante para ambos, indivíduos e empresas, andar em total integridade e permanecer sem culpa perante a sociedade. Portanto, as organizações que desejam realmente prosperar devem ser honestas e comprometidas com o bem-estar da sociedade.

NÃO HÁ NADA DE ERRADO EM LUCRAR. NO ENTANTO, UMA EMPRESA TEM A OBRIGAÇÃO DE SER SOCIALMENTE RESPONSÁVEL.

@DOVGILVANCI

08.
ATITUDES, CRENÇAS E VALORES DA VIDA JUDAICA

O artigo deste capítulo foi extraído, com a devida permissão, do volume 1 de *The Guide to Jewish Practice* [Guia para a prática judaica],[67] escrito pelo rabino David Teutsch, PhD, que compila os principais valores, crenças e atitudes inerentes da vida judaica. Quando um valor é um valor judaico tradicional, o nome hebraico para ele é usado. Quando um valor (como a democracia) vem do judaísmo americano e é mais naturalmente associado a um termo em inglês, o termo em inglês é traduzido e usado. Quando um termo (como compromisso com a comunidade) representa um valor tradicional que foi reformulado em resposta a circunstâncias alteradas, a escolha da terminologia varia com base no que parece mais útil.

AHAVA (AMOR)

A dádiva do amor – de pai para filho, entre amantes e amigos, professores e alunos – é uma fonte central de alegria, nutrição e crescimento, trazendo muito do que dá sentido à vida. A tradição judaica retrata D'us como a fonte suprema do amor, incorporada na Criação, na Torá e nos relacionamentos. Valorizar o amor envolve fazer esforços para sustentar e proteger relacionamentos amorosos.

---

[67] TEUTSCH, D. **A Guide to Jewish Practice, vol. 1**: Everyday Living. San Antonio: RRC Press, 2011.

A DÁDIVA DO AMOR É UMA FONTE CENTRAL DE ALEGRIA, NUTRIÇÃO E CRESCIMENTO, TRAZENDO MUITO DO QUE DÁ SENTIDO À VIDA.

@DOVGILVANCI

ANAVA (HUMILDADE)

Evitar a ostentação e o excesso de confiança em favor da modéstia na autocompreensão e na autoapresentação decorre do reconhecimento de nossa finitude. Essa qualidade não requer autoflagelação nem humilhação, mas encoraja a cooperação e o respeito mútuo. Ninguém tem a posse completa da verdade.

AUTENTICIDADE JUDAICA

Embora o empréstimo indiscriminado de outras culturas e religiões possa minar a vida judaica, ela foi ampliada e aprofundada por meio do que os judeus absorveram das muitas culturas às quais foram expostos. Encontrar a linha entre aumento e diminuição é uma tarefa desafiadora e contínua.

AVADIM HAYINU B'MITZRAYIM ("ÉRAMOS ESCRAVOS NO EGITO" - DEUTERONÔMIO 6:21)

Tendo experimentado a degradação física e espiritual, os judeus acreditam que isso deveria criar empatia com todos os oprimidos, vitimizados ou em dor, e apoiá-los. Na Torá, lemos: "Não oprimirás o estrangeiro" (Êxodo 22:21).

AVODA (SERVIÇO)

Um significado de *avoda* é o serviço a Deus. Rigorosamente, pode ser entendido como os sacrifícios do templo e a adoração que os substituiu. Mas o termo também se refere ao trabalho, que pode ser entendido como os esforços para melhorar o mundo ou contribuir para o bem-estar da sociedade. Os primeiros sionistas cantaram sobre o poder redentor do trabalho. Nossa tradição defende a dignidade do trabalho honesto e exige que até mesmo as pessoas mais ricas ajudem a se preparar para o Shabat, porque esse trabalho fornece o contexto para o Shabat.

B'RIYUT (SAÚDE E BEM-ESTAR)

A tradição judaica valoriza o corpo e a boa saúde, apoiando medidas para protegê-los. Ter prazer nos sentidos e evitar comportamentos destrutivos refletem esse valor, assim como a busca pela saúde espiritual e emocional.

B'TZELEM ELOHIM ("OS SERES HUMANOS SÃO CRIADOS À IMAGEM DE DEUS" – GÊNESIS 1:26)

Porque nos vemos como seres que contêm uma centelha do divino, entendemos que cada pessoa tem um valor infinito; portanto, nenhum ser humano deve ser tratado como um mero objeto. Devemos sempre tentar ver a humanidade naqueles que encontramos. Essa atitude, extraída de Gênesis 1:26, fundamenta muitos valores judaicos.

BAL TASH'HIT (EVITAR O DESPERDÍCIO)

Os recursos materiais são limitados, e temos a responsabilidade de evitar o consumo excessivo e o desperdício desnecessário. Não importa o quanto possamos comprar, devemos proteger cada coisa de valor para qualquer pessoa ou criatura, mesmo que tenha pouco valor para nós diretamente. Isso reflete gratidão pelo que temos e apreciação pelas necessidades de todos.

BITUL Z'MAN (PERDA DE TEMPO)

Os minutos e as horas de nossa vida são um presente precioso. Quando não usamos bem o tempo, desperdiçamos esse dom, que é um recurso insubstituível. *Bitul zẛman* é uma traição a nós mesmos. Cumprimos esse valor ao equilibrar nossos esforços para sermos produtivos com nossa consciência da beleza e do milagre de cada momento.

BRIT (COVENANT)

As partes em um relacionamento têm obrigações umas com as outras. A tradição judaica sugere a importância não apenas dos compromissos do povo judeu com Deus, mas também da aliança feita com toda a humanidade e da aliança entre os membros da comunidade judaica.

D'VEYKUT (CONEXÃO COM DEUS)

A consciência da presença do divino em nossa vida traz o conhecimento de que ela é um dom precioso. Embora tenhamos um lugar pequeno em um universo ordenado, podemos ser elevados ao viver em harmonia com os ritmos do universo e com a consciência da presença de D'us em nossa vida. *D'veykut* é, portanto, uma conexão que molda a vida, uma fonte muito desejada e uma expressão de espiritualidade.

DARKHEY SHALOM (CAMINHOS DA PAZ)

Em um mundo onde a tensão e o conflito frequentemente resultam em comportamento destrutivo, uma preocupação a que devemos estar atentos é a necessidade de utilizar recursos emocionais, políticos e financeiros de modo a criar harmonia. Isso se aplica, em especial, a conflitos entre nações, indivíduos e grupos étnicos e religiosos.

DEMOCRACIA

Valor agregado à tradição judaica nos tempos modernos, o compromisso com a democracia envolve a livre expressão de opiniões e a crença na capacidade dos grupos de se governarem com justiça, responsabilidade e eficácia.

DIVERSIDADE

Nós nos beneficiamos da exposição a diferentes ideias, culturas e modos de estar no mundo. É uma bênção que o mundo seja diverso. As pessoas têm diferentes habilidades, interesses, preocupações e necessidades que merecem nossa atenção e nossa consideração. Devemos valorizar a diversidade em nossas comunidades e no mundo.

EMET (VERDADE E INTEGRIDADE)

Falar a verdade para si mesmo e para os outros e viver de maneira franca nos permite criar comunidades caracterizadas pela confiança, pela cooperação e pela mutualidade. Viver uma vida guiada pela busca da verdade e da integridade também remove um dos principais impedimentos à espiritualidade e aos relacionamentos amorosos. Os rabinos dizem que *emet* é o selo de D'us.

ERETZ YISRAEL (TERRA DE ISRAEL)

Como a antiga pátria do povo judeu, a terra de Israel sempre teve um significado especial no judaísmo. Com a revitalização da terra, a *aliya* de base ampla (migração para Israel) e a criação do estado moderno, o apego judaico à terra passou a significar também um compromisso com o bem-estar e a segurança do Estado de Israel.

ESPIRITUALIDADE

Assim como enfatizamos a importância do desenvolvimento intelectual, emocional e físico de cada pessoa, também reconhecemos a importância do desenvolvimento espiritual. As pessoas variam amplamente em como melhor descobrem, desenvolvem e expressam sua espiritualidade; incentivamos o desenvolvimento individual de cada um. Isso pode incluir adoração, ativismo social, meditação, prazer da natureza, estudo e experiências estéticas. Na melhor das hipóteses, a vida espiritual da comunidade não apenas fortalece o todo, mas também apoia as jornadas espirituais individuais de seus membros enquanto eles reparam a própria alma e buscam a presença divina.

FIDELIDADE

Cumprir promessas e honrar contratos cria uma sensação de segurança e confiabilidade que molda os relacionamentos comerciais, comunitários e familiares de modo a agregar significado ao trabalho, probidade à vida pública e cordialidade e durabilidade às famílias.

HAGANAT HATEVA (AMBIENTALISMO)

O mundo natural, a Criação, é uma maravilha de que devemos desfrutar e apreciar. Somos tanto beneficiários das dádivas da natureza como administradores do mundo natural. À medida que cresce nosso poder de danificar a ecologia da Terra, nossa capacidade de nos beneficiar da Criação, e talvez até mesmo a sobrevivência humana, depende da eficácia de nossa mordomia.

HESED (CUIDADO PACTUADO)

A bondade em ação nem sempre flui dos sentimentos. *Hesed* é o carinho que damos aos membros de nossa comunidade e de nossa família. Eles merecem uma ação cuidadosa quando precisam de amparo, simplesmente porque compartilhamos dos laços de conexão interpessoal. Cuidar uns dos outros faz parte do que nos torna humanos.

HIDUR MITZVAH (EMBELEZAR A OBSERVÂNCIA JUDAICA)

Por meio de graciosos objetos rituais, arquitetura e canções alegres, comida maravilhosa e belos livros, temos prazer em maximizar a atratividade de nosso ritual, nossa prática moral e nossas celebrações. Isso não apenas melhora a experiência judaica; atrai outros para ela também.

HODAYA (GRATIDÃO)

A vida é um presente. Nunca podemos merecer plenamente nossas oportunidades de experimentar amor, beleza, crescimento ou alegria. Eles são presentes para nós porque nascemos neste mundo. Até os mais pobres e menos amados de nós receberam esse presente, e, por isso, cada um de nós é capaz de retribuir tanto. Não importa o quanto demos, nunca poderemos dar tanto quanto recebemos. Saborear cada um desses dons significa não viver com um senso de direito inchado, mas, sim, viver uma vida carregada de significado.

IGUALITARISMO

O judaísmo rabínico reconhecia o valor infinito de cada vida humana. Os judeus contemporâneos aplicam essa consciência em nosso compromisso de igual tratamento político, religioso, social e jurídico para mulheres e homens, homossexuais e heterossexuais, e pessoas de todas as raças e etnias. A ideia de que todos nós fomos criados à semelhança de D'us (*b'tzelem Elohim*) tem um poder moral crescente à medida que as condições sociais e econômicas atuais fornecem o ímpeto e o discernimento necessários para que esse ideal se mova em direção à realização.

INCLUSÃO

Acolher todos em nossa comunidade, independentemente de habilidade, idade, raça, orientação sexual, status familiar ou nível de conhecimento, permite que nossas comunidades abracem o maior número possível de pessoas, o que as fortalece e permite que elas sirvam plenamente a todos os seus membros.

K'VOD HAB'RIYOT (DIGNIDADE HUMANA)

Sendo criados à imagem de D'us (*b'tzelem Elohim*), podemos ver a centelha do divino um no outro. Ao reconhecer que cada rosto humano é em parte um rosto do divino, reconhecemos que devemos respeitar a dignidade de cada ser humano e agir de maneira compatível com essa dignidade. Portanto, devemos evitar *oshek* (opressão), por exemplo, pagando os trabalhadores de maneira justa e pontual e proporcionando condições de trabalho seguras.

KAVANÁ (INTENÇÃO)

Trazer atenção integral para nossos pensamentos, ações e palavras aumenta a plenitude com que vivemos. A atenção plena nos ajuda não apenas a nos levar à oração; ajuda-nos a viver profundamente.

KEDUSHÁ (SANTIDADE)

Levítico nos diz que D'us é absolutamente santo e que os tempos, lugares e ações que nos aproximam de D'us também são. O sistema de mandamentos (*mitzvot*) destina-se a nos ajudar a nos tornarmos mais santos, a estarmos em contato mais pleno com o divino dentro de nós e no mundo. *Kedushá* tem um significado raiz de "separado", "dedicado". Em uma sociedade predominantemente secular, os esforços para seguir um caminho de santidade podem criar ritmos de vida que, até certo ponto, diferenciam um indivíduo dos outros. Devemos tentar maximizar a santidade em nossas atividades diárias sem erguer barreiras interpessoais desnecessárias.

KEHILÁ (COMPROMISSO COM A COMUNIDADE)

De acordo com a tradição judaica, os seres humanos só podem se realizar plenamente no relacionamento. A comunidade é o *locus* (o lugar específico em que um gene se localiza no cromossomo) de nossos relacionamentos. Além disso, o judaísmo como civilização pode ser experimentado apenas em comunidade; pode ser transmitido de maneita efetiva apenas por meio do *locus* da comunidade. Construir e sustentar comunidades é fundamental para a realização humana. Como judeus, nós nos esforçamos para criar comunidades que manifestem justiça, santidade e paz.

KLAL YISRAEL (UNIDADE E SOBREVIVÊNCIA DO POVO JUDEU)

Apesar dos cismas que historicamente fizeram parte da comunidade judaica, os judeus são um povo com uma história compartilhada. Reconhecemos que somos responsáveis uns pelos outros, independentemente das diferenças de ideologia e prática, e que, desde os dias de Abraão e Sara, precisamos uns dos outros não apenas para nossa própria sobrevivência, mas também para tornar o mundo um lugar melhor.

LADONAY HA'ARETZ UM'LO'O ("A TERRA E TUDO O QUE NELA HÁ PERTENCEM A D'US" – SALMOS 24:1)

Somos os beneficiários da Criação e servimos a ela como seus mordomos. Os seres humanos não possuem, em última análise, o que é deles no mundo; está emprestado a nós, e somos responsáveis por fazer com ele o que acreditamos que seu dono faria. Essa ideia-chave fundamenta a ética ambiental e social judaica.

LIMUD TORÁ (APRENDIZAGEM JUDAICA)

O judaísmo tem uma poderosa tradição textual. Compreender a civilização judaica requer um estudo regular de nossos textos não apenas como um recurso intelectual, mas também como um estímulo para a criatividade e uma oportunidade de crescimento moral.

MENSCHLICHKEIT

Um *mensch* é uma pessoa de grande integridade, coragem, sensibilidade, honestidade e carinho. A qualidade de ser um *mensch* é *menschlichkeit*, que é um termo iídiche. Embora tenha grande significado para os judeus asquenazes, deve-se notar que o termo iídiche era desconhecido dos judeus sefarditas, até que o encontraram em Israel.

MENUHÁ (DESCANSO E RENOVAÇÃO)

Afastar-se do trabalho, do consumo e da atividade produtiva para a autorrenovação e a contemplação é um ato sagrado que fornece perspectiva e nos oferece uma oportunidade de cura. Este é um dos principais focos do Shabat.

MITZVÁ (OBRIGAÇÃO)

A tradição judaica ensina que D'us deu 613 mandamentos (*mitzvot*) na Torá. Embora a maioria dos judeus não acredite que cada obrigação que temos foi formulada individualmente para nós por D'us, e, apesar de percebermos que as obrigações inevitavelmente mudam com o tempo, reconhecemos que a comunidade só pode existir se houver regras. Uma comunidade que vive em harmonia e busca o divino ajuda seus membros a descobrir o poder transformador que vem de honrar as obrigações. Fazer o que acredito ser a coisa certa simplesmente porque é certo ajuda a criar uma vida interior clara, bem como laços interpessoais confiáveis. Alguns mandamentos servem como caminhos que nos conectam com nossa comunidade e nosso povo, com nossos valores mais elevados, com a humanidade e com D'us.

P'RU UR'VU ("SEJAM FÉRTEIS E MULTIPLIQUEM-SE" – GÊNESIS 1:22)

O primeiro mandamento de Gênesis é ter filhos. Embora no princípio se tratasse de garantir que haveria gerações futuras, hoje o tamanho de cada geração é uma questão que merece nosso escrutínio. O valor de cuidar dos filhos tem a ver com os laços de amor entre nós; nossa capacidade de transmitir nossos valores, crenças, atitudes e práticas; e a natureza mutuamente transformadora da relação pai-filho. Cumprimos o valor criando filhos, sejamos pais biológicos ou adotivos.

PLURALISMO

Em um mundo onde a observância do judaísmo não pode ser coagida e onde grupos dentro da comunidade judaica discordam sobre no que acreditar e como praticar, o pluralismo é necessário para a sobrevivência da população judaica. Além disso, o pluralismo é fundamental para a democracia, outro valor já mencionado aqui, que depende da liberdade de expressão. A troca aberta de ideias também foi fundamental para a evolução do judaísmo. Nós abraçamos o pluralismo não como um mal necessário, mas como uma fonte para criar vigor na vida do povo judeu e ajudar na melhoria da civilização judaica.

PRAZER FÍSICO

Nossos corpos são um presente. Demonstramos nosso apreço por essa dádiva ao sentir prazer em todos os nossos sentidos. De acordo com um *midrash*, seremos responsabilizados por todos os prazeres físicos permitidos que deixamos passar: uma refeição maravilhosa, uma cama confortável, uma caminhada em uma bela floresta, um abraço amoroso. Os *birkhot nehenin* são um grande grupo de bênçãos que marcam esses prazeres.

RAHMANUT (COMPAIXÃO/MISERICÓRDIA)

A empatia pelos menos afortunados resulta em ações de cuidado que podem envolver os domínios emocional, físico e econômico. Todo mundo é menos afortunado de alguma forma. Todos os seres humanos são vulneráveis. Precisamos ter compaixão por nós mesmos e pelos outros, especialmente por aqueles que sofrem de dificuldades emocionais, espirituais, físicas e financeiras. A raiz hebraica da palavra *rahmanut* é *rehem*, "útero", que implica um amor profundo e duradouro. Todos os que estão ao nosso redor precisam de nosso carinho e nossa compaixão.

SH'MIRAT HAGUF (PROTEÇÃO DO CORPO)

O corpo é a chave para tudo o que podemos fazer no mundo; ele é um presente para nós. Cuidar dele nos permite experimentar e realizar tudo o mais que é importante na vida, para honrar o fato de termos sido criados à semelhança de D'us (*b'tzelem Elohim*).

SH'MIRAT HALASHON (GUARDA DA FALA)

De acordo com o Gênesis, D'us criou o mundo por meio de palavras. As palavras são nossas armas mais poderosas. O que dizemos pode edificar as pessoas ou derrubá-las, desperdiçar tempo ou construir relacionamentos, buscar a verdade ou espalhar boatos. Usar palavras com moderação e sabedoria ajuda a criar um ambiente seguro que apoia os indivíduos em seu crescimento e a comunidade em sua busca pela santidade.

SHALOM BAYIT (PAZ EM CASA)

Se a comunidade é o alicerce da civilização judaica, então a unidade familiar tem sido o alicerce da comunidade. A estabilidade no lar é vital para a comunidade, bem como para os membros da família. Aqueles que compartilham a vida diária devem ser honrados, nutridos e amados uns pelos outros. Isso é necessário para o valor *shalom bayit*. Quando esse cuidado está presente, o lar é um *locus* primário bem-sucedido para a criação dos filhos, para a construção do caráter e para o apoio a indivíduos seguros e amorosos. Quando está ausente por causa de abuso, violência ou atos de humilhação, *shalom bayit* é impossível. Tornar o lar um lugar tranquilo é fundamental para que ele possa cumprir essas funções e trazer alegria à vida dos membros da família.

SHALSHELET HAKABALA (PRESERVANDO A CADEIA DA TRADIÇÃO)

As tradições orais e escritas do povo judeu remontam a Abraão e Sara, e além. Nossa herança vem dessa cadeia ininterrupta de tradição viva e em evolução que molda nossos pensamentos, ações e visão. Somos o elo atual da cadeia, preservando a extraordinária riqueza que herdamos e agregando a ela nossa própria experiência e nosso próprio conhecimento para deixar um poderoso legado para as gerações seguintes.

SIMCHÁ (ALEGRIA E CELEBRAÇÃO)

Marcar alegremente o Shabat, feriados e marcos do ciclo de vida com amigos e familiares, comida, bebida e música nos ajuda a apreciar o que temos, reconhecer as transições em nossa vida e aproveitá-la ao máximo. Assim, os judeus brindam dizendo *"L'hayim*, à vida". A Bíblia proclama: "Servi a D'us com alegria" (Salmos 100:2).

TIKUN OLAM (MELHORAR O MUNDO)

Vivemos em um mundo que está longe de ser perfeito. O judaísmo sempre teve uma visão messiânica de um mundo redimido, um mundo caracterizado pela justiça, pela suficiência, pela harmonia e pela paz. "Não podemos esperar completar a tarefa de levar o mundo à redenção final, mas não temos a liberdade de negligenciar a tarefa" (Avot 2.16). Nos níveis interpessoal, político e ambiental, há muito a ser feito, e cada coisa boa que trazemos ao mundo faz a diferença.

TSEDACÁ (JUSTIÇA SOCIAL)

Desde os tempos bíblicos até o presente, temos uma tradição de resistir à opressão. Garantir um tratamento justo significa preservar a dignidade humana e atender às necessidades básicas de todos, incluindo educação, trabalho digno, alimentação, vestuário e abrigo. Vivemos em uma sociedade justa somente quando cada um de seus membros é tratado com justiça. Conseguir isso é um desafio compartilhado. Fornecer fundos para esse propósito é o ato de *tsedacá*.

TZ'NI'UT (MODÉSTIA)

Manter a dignidade dos outros e de si mesmo e respeitar a natureza sagrada da sexualidade envolvem tomar decisões ponderadas sobre como e quando expressar nossa sexualidade e nosso desejo sexual. A modéstia também envolve não usar palavras e ações para atrair atenção indevida para si mesmo. É igualmente importante para homens e mulheres. Vestir-se de modo adequado e agir de maneira calculada para não atrair atenção indevida ajudam a criar uma atmosfera de autorrespeito, confiança, segurança, confidencialidade e reciprocidade.

TZA'AR BA'ALEY HAYIM (PREVENÇÃO DA DOR AOS ANIMAIS)

A bondade para com os animais como criaturas de D'us deve moldar nossas interações com eles. Isso se aplica tanto para evitar a crueldade (por exemplo, não os provocar) quanto para agir com gentileza (por exemplo, alimentar, manter ou ajudar um animal preso).

YIRAT SHAMAYIM (TEMOR DE D'US)

Reconhecendo o incrível poder que unifica a diversidade e a complexidade do mundo, o poder que é a fonte da vida, espiritualidade e ética, experimentamos admiração e reverência. Humilhados por nossa pequenez, somos inspirados a ir mais alto e mais fundo.

CUMPRIR PROMESSAS E HONRAR CONTRATOS CRIA UMA SENSAÇÃO DE SEGURANÇA E CONFIABILIDADE QUE MOLDA OS RELACIONAMENTOS COMERCIAIS, COMUNITÁRIOS E FAMILIARES.

@DOVGILVANCI

09.
CONHEÇA UM POUCO MAIS OS LIVROS SAGRADOS DO JUDAÍSMO

A BÍBLIA JUDAICA: TANACH

A Tanach subdivide-se em 24 livros. I e II Samuel, I e II Reis, I e II Crônicas, e Esdras e Neemias contam como um só livro cada dupla, e os doze profetas menores (רשע ירת) são considerados um só livro. Como um padrão, em hebraico o livro leva o nome da primeira palavra proeminente. A Bíblia hebraica é, por tradição, dividia em três agrupamentos:[68]

Torá: Pentateuco	Nevi'im: Profetas	Ketuvim: Escrituras
Bereshit: Gênesis	Yehoshua: Josué	Tehillim: Salmos
Shemot: Êxodo	Shoftim: Juízes	Mishlei: Provérbios
Vayikra: Levítico	Shmuel I: I Samuel	Iyov: Jó
Bamidbar: Números	Shmuel II: II Samuel	Shir Hashirim: Cântico
Devarim: Deuteronômio	Melachim I: I Reis	dos Cânticos
	Melachim II: II Reis	Rut: Rute
	Yeshayahu: Isaias	Eichah: Lamentações
	Yirmiyahu: Jeremias	Kohelet: Eclesiastes
	Yechezkel: Ezequiel	Esther
	Hoshea: Oséias	Daniel
	Yoel: Joel	Ezra: Esdras
	Amos	Nechemiah: Neemias
	Ovadiah: Ovadias	Divrei Hayamim I: I
	Yonah: Jonas	Crônicas
	Michah: Miqueias	Divrei Hayamim II: II
	Nachum: Naum	Crônicas
	Chavakuk: Habacuque	
	Tzefaniah: Sofanias	
	Chaggai: Ageu	
	Zechariah: Zacarias	
	Malachi: Malaquias	

---

[68] TANAKH. *In*: WIKIPÉDIA. Disponível em: https://pt.wikipedia.org/wiki/Tanakh. Acesso em: 28 jun. 2024.

TALMUDE E MIDRASH[69]
Definição de termos
O Talmude, palavra hebraica que significa "estudo" ou "aprendizagem", é uma coletânea de ensinamentos judaicos antigos, considerados sagrados e normativos desde sua compilação até os dias atuais, especialmente entre os judeus religiosos tradicionais. Em sua forma mais abrangente, o Talmude se compõe de dois livros principais: a Mishná e a Guemará. A Mishná é uma coleção de leis originalmente orais que complementam as leis das escrituras. A Guemará é uma coleção de comentários e elaborações da Mishná, que no Talmude é reproduzida em justaposição à Guemará.

O termo *midrash* (exposição ou investigação; plural: *midrashim*) também é usado em dois sentidos. Por um lado, refere-se a um modo de interpretação bíblica proeminente na literatura talmúdica; por outro, refere-se a um corpo separado de comentários sobre as Escrituras usando esse modo interpretativo.

Oposição ao Talmude
Apesar do lugar central do Talmude na vida e no pensamento judaicos tradicionais, grupos e indivíduos judeus significativos se opuseram a ele vigorosamente. A seita caraíta, na Babilônia, a partir do século VIII, refutou a tradição oral e denunciou o Talmude como uma invenção rabínica. Os místicos judeus medievais declararam que o Talmude era uma mera casca, cobrindo o significado oculto da Torá escrita, e as seitas messiânicas heréticas dos séculos XVII e XVIII

---

[69] DIMITROVSKY, H. Z.; SILBERMAN, L. H. The Talmud Today. **Britannica**, 19 jun. 2024. Disponível em: www.britannica.com/topic/Talmud/The-Talmud-today. Acesso em: 27 jun. 2024.

o rejeitaram totalmente. O golpe decisivo na autoridade talmúdica veio nos séculos XVIII e XIX, quando o Haskalá (o movimento iluminista judaico) destruiu o muro talmúdico que cercava os judeus.

Posteriormente, os judeus modernizados rejeitaram o Talmude como um anacronismo medieval, denunciando-o como legalista, casuístico, desvitalizado e não espiritual.

Há também uma tradição antitalmúdica de longa data entre os cristãos. O Talmude foi atacado com frequência pela Igreja, em especial durante a Idade Média, e acusado de falsificar o significado bíblico, impedindo, assim, que os judeus se tornassem cristãos. A Igreja sustentava que o Talmude continha observações blasfemas contra Jesus e o cristianismo e que pregava vieses moral e social em relação aos não judeus. Em várias ocasióes, o Talmude foi queimado publicamente e a censura talmúdica permanente foi estabelecida.

Porém, desde o Renascimento tem havido uma resposta positiva e um grande interesse na literatura rabínica por parte de eminentes estudiosos, escritores e pensadores não judeus no Ocidente. Como resultado, as ideias, imagens e tradições rabínicas incorporadas no Talmude permearam o pensamento e a cultura ocidentais.

Literatura talmúdica e Midrash Mishná

A Mishná é dividida em seis ordens (*sedarim*), cada ordem em tratados (*massekhtot*), e cada tratado em capítulos (*peraqim*). As seis ordens são *Zera'im, Mo'ed, Nashim, Neziqin, Qodashim* e *Tohorot*.

- **Zera'im (sementes):** Consiste em onze tratados: Berakhot, Pea, Demai, Kilayim, Shevi'it, Terumot, Ma'aserot, Ma'aser sheni, Ḥalla, 'Orla e Bikkurim. Com exceção de Berakhot (Bênçãos), que trata de orações e graças diárias, esta ordem trata das leis relacionadas à agricultura na Palestina. Inclui proibições contra misturas de plantas (hibridização), legislação relativa ao ano sabático (quando a terra fica em pousio e as dívidas são pagas) e regulamentos relativos às porções da colheita dadas aos pobres, aos levitas e aos sacerdotes.

- **Mo'ed (temporada ou festival):** Consiste em doze tratados: Shabat, 'Eruvin, Pesaḥim, Shekalim, Yoma, Sukka, Betza, Rosh Hashaná, Ta'anit, Megilla, Mo'ed kaṭan e Ḥagiga. Esta ordem lida com cerimônias, rituais, observâncias e proibições relativas a dias especiais do ano, incluindo o sábado, feriados e dias de jejum. Como a contribuição de meio siclo para o templo era coletada em dias específicos, o tratado Shekalim, referente a essa prática, está incluído aqui.

- **Nashim (mulheres):** Consiste em sete tratados: Yevamot, Ketubbot, Nedarim, Nazir, Soṭa, Giṭṭin e Kiddushin. Esta ordem lida com leis relativas a noivado, casamento, relações sexuais e financeiras entre marido e esposa, adultério e divórcio. Visto que nazireu (asceta) e outros votos podem afetar as relações conjugais, Nedarim (votos) e Nazir (nazireu) estão incluídos aqui.

- **Neziqin (danos):** Consiste em dez tratados, dos quais os três primeiros foram originalmente considerados um (o Bavot): Bava kamma, Bava metzia, Bava batra, Sanhedrin, Makkot, Shevu'ot, Eduyyot, Avoda zara, Avot e Horayot. Esta ordem trata da lei civil e criminal relativa a danos, roubo, relações trabalhistas, usura, imóveis, parcerias, relações de inquilino, herança, composição judicial, jurisdição e testemunho, decisões errôneas do Sinédrio e pena capital e outras punições físicas. Visto que a idolatria, no sentido literal de culto ou veneração de imagens materiais, é punível com a morte, *Avoda zara* (idolatria) está incluída.

Avot (pais), comumente chamado de Ética dos Pais, parece ter sido incluído para ensinar um modo de vida moral que impede a transgressão da lei.

- **Kodashim (coisas sagradas):** Consiste em onze tratados: Zevaḥim, Menaḥot, Ḥullin, Bekhorot, Arakhin, Temura, Keretot, Meʻila, Tamid, Middo e Kinnim. Esta ordem incorpora algumas das porções mishnaicas mais antigas. Trata do templo e inclui regulamentos sobre sacrifícios, ofertas e doações. Ele também contém uma descrição detalhada do complexo do templo.

- **Ṭohorot (purificações):** Consiste em doze tratados: Kelim, Ohalot, Negaʻim, Para, Ṭohorot, Miqva ʻot, Nidda, Makhshirin, Zavim, Ṭevul yom, Yadayim e ʼUqtzin. Esta ordem lida com processos de purificação e leis que regem a impureza ritual de vasos, habitações, alimentos e pessoas.

O TALMUDE HOJE

Com o renascimento de um estado nacional judaico (desde 1948) e o concomitante renascimento da cultura judaica, o Talmude alcançou uma importância renovada. Os judeus ortodoxos sempre se concentraram em seu estudo e acreditaram ser a autoridade *halakhica* absoluta. Essa crença agora está ainda mais intensificada.

Embora os tribunais rabínicos em Israel tenham jurisdição apenas na área da vida familiar, tornou-se um dos objetivos dos judeus religiosos (ortodoxos) estabelecer a lei talmúdica como a lei geral do estado.

Também deve ser notado que, além do caso especial de Israel, esse sistema jurídico continuou a funcionar até os dias atuais nas comunidades judaicas em todo o mundo. A jurisdição dos tribunais rabínicos é aceita voluntariamente pelos judeus ortodoxos. Esses tribunais continuam a exercer autoridade, especialmente nas áreas de família e direito alimentar, a sinagoga e a organização de caridade e atividade social.

Os judeus conservadores também sempre estiveram comprometidos com a tradição rabínica. No entanto, conceituaram essa tradição como um processo evolucionário no qual a Halakha muda para enfrentar o desafio de novas condições. A bolsa de estudos profissional foi considerada crucial para a compreensão do avanço desse processo. Mais recentemente, no entanto, como resultado do nacionalismo revivido, uma nova ênfase foi colocada na educação leiga.

Assim, foi estabelecida uma rede de escolas diurnas e instituições superiores de ensino nas quais a tradição rabínica ocupa um papel importante no currículo. Dezenas de jovens judeus conservadores agora procuram no Talmude respostas para problemas cruciais, como aborto e violência civil.

O judaísmo reformista não apenas se dissociou do Talmude, mas também o negou. Em períodos mais recentes, no entanto, os líderes reformistas se inclinaram a restabelecer alguma medida de prática ritual e clima rabínico. Assim, agora não é incomum encontrá-los declarando suas decisões na forma de *responsa* e usando o estilo rabínico de argumentação e até mesmo o tipo casuístico da dialética talmúdica (*pilpul*) para justificar suas práticas religiosas.

SOMOS O ELO ATUAL DA CADEIA, PRESERVANDO A EXTRAORDINÁRIA RIQUEZA QUE HERDAMOS E AGREGANDO A ELA NOSSA PRÓPRIA EXPERIÊNCIA.

@DOVGILVANCI

E CHEGAMOS ÀS ÚLTIMAS PÁGINAS...

Um mundo onde a justiça social, o empoderamento financeiro e a educação financeira se unem para erradicar a desigualdade, proporcionando segurança no longo prazo, fomentando o empreendedorismo e promovendo um desenvolvimento sustentável, resulta em comunidades transformadas e uma sociedade impactada positivamente.

E, como investidor, você já está construindo uma bênção geracional em sua família. Agora, multiplique, partilhe, doe e assegure que essa transformação perdure, deixando um legado de prosperidade e sabedoria para as gerações futuras.

Para chegar lá, é preciso escrever seu plano de ação – e a hora é agora! Para ajudar você, dividi os tópicos tratados neste livro em questões de macroeconomia, atitudes proativas, decisões financeiras e atitudes morais e espirituais.

PRINCÍPIOS GERAIS
Macroeconomia

- Considere a diversificação dos investimentos e o "Portfólio do Talmude".
- Conheça os fatores de análise que impactam seus investimentos
- Lembre-se de que a economia é cíclica.
- Nunca invista no que você não conhece.

Atitudes proativas

- Defina prioridades.
- Faça o planejamento financeiro.
- Tenha disciplina, resiliência, constância e paciência.
- Viva uma vida simples e sem ostentação.
- Busque conselhos.

Decisões financeiras

- Tenha um fundo de emergência.
- Reduza o risco à medida que envelhece.
- Evite decisões súbitas e precipitadas.
- Acompanhe periodicamente a performance de seus investimentos.

Atitudes morais e espirituais

- Nunca tenha conduta desonesta.
- Sempre seja prudente e humilde.
- Saiba que o futuro pertence a D'us.
- Pratique a gratidão.
- Nunca ame o dinheiro, nem tenha qualquer apego por ele.

Agora que já repassamos o que foi tratado neste livro e você refrescou sua memória, chegou a hora de começar a colocar tudo em prática. Por isso, deixo aqui os passos que você deverá seguir para ir da seca à abundância!

IMPLEMENTAÇÃO DO PLANO DE AÇÃO

Aspectos financeiros

- Faça o planejamento financeiro para cinco, dez e vinte anos.
- Faça o orçamento doméstico para os próximos doze meses.

- Defina qual o valor do aporte mensal.
- Abra uma conta em uma corretora de valores ou use a conta bancária já existente e comece a investir imediatamente.

Aspectos comportamentais

- Defina seu perfil de investimento (conservador, moderado ou arrojado), para definir em que investir (renda fixa/renda variável).
- Trace objetivos pessoais para os próximos dez anos.

Repasse o que você aprendeu aqui e ponha as mãos à obra para começar a organizar suas finanças! Desejo que você tenha uma vida muito próspera! Até o próximo livro.

CONTEÚDO COMPLEMENTAR

Para mais esclarecimentos sobre os 18 princípios judaicos para a prosperidade financeira, acesse os QR Codes a seguir.

Princípios de Gestão Patrimonial

Princípio 1 – Defina prioridades

Princípio 2 – Tenha um fundo de emergência

Princípio 3 – Diversificação dos investimentos e Portfólio do Talmude

Princípio 4 – Reduza o risco à medida que envelhece

Princípio 5 – Faça o planejamento financeiro

Princípio 6 – Disciplina, resiliência, constância e paciência

Princípio 7 – Conheça os fatores de análise que impactam seus investimentos: risco, liquidez e rentabilidade

Princípio 8 – A economia é cíclica

Princípio 9 – Nunca invista no que você não conhece

Princípio 10 – Nunca tenha conduta desonesta

Princípio 11 – Acompanhe periodicamente a performance de seus investimentos

Princípio 12 – Evite decisões súbitas e precipitadas

Princípio 13 – Sempre seja prudente e humilde

Princípio 14 – Busque conselhos

Princípio 15 – O futuro pertence a D'us

Princípio 16 – Gratidão

Princípio 17 – Nunca ame ou tenha qualquer veneração por dinheiro ou seja consumista

Princípio 18 – Viva uma vida simples e sem ostentação

Este livro foi impresso
pela gráfica Bartira em
papel lux cream 70 g/m²
em setembro de 2024.